Rätsel- und Geschicklichkeitsspiele

für Kinder

D1925129

Ingeborg Rathmann

Rätsel- und Geschicklichkeits-spiele für Kinder

ENGLISCH VERLAG

CIP-Kurztitelaufnahme der Deutschen Bibliothek

Rathmann, Ingeborg:
Rätsel- und Geschicklichkeitsspiele für Kinder /
Ingeborg Rathmann. – Wiesbaden: Englisch, 1986. 2. Auflage 1988.
ISBN 3-88140-235-7

© by F. Englisch Verlag, Wiesbaden
Alle Rechte vorbehalten.
Nachdruck, auch auszugsweise, verboten.
Printed in Austria

Inhaltsverzeichnis

Vorwort

Dieses Buch wendet sich an Eltern, Kinder, Onkel, Tanten, Großväter und Großmütter und alle, die gemeinsam raten und spielen wollen.
Da kann man das Buch noch schnell vor dem Abendessen hervorholen und der Tischrunde ein paar Rätsel aufgeben. Gibt es eine Lücke im Ablauf des Kinderfestes, so findet man sicher etwas zur Freude der Gäste. Ist schlechtes Wetter, so kann sich die Familie zusammensetzen und Freunde und Freundinnen, die zu Besuch sind, werden bald emsig mit Raten beschäftigt sein. Natürlich kann es auch Preise geben. Ist man aber allein, so findet man auch etwas zum Zeitvertreib.
Anspruch auf Vollständigkeit hat dieses Buch nicht, trotzdem habe ich mir Mühe gegeben, es vielseitig zu gestalten und hoffe, daß es Freude bereitet.

Ingeborg Rathmann

Rätselfragen

Im Häuschen mit fünf Stübchen
da wohnen braune Bübchen.
Nicht Tür, noch Tor führt ein und aus,
Wer sie besucht, verzehrt das Haus.
(Apfel)

Immer trägt sie ihr Haus herum,
läuft mal grad und läuft mal krumm.
Geht ins Haus und kommt heraus,
doch geht niemals weg vom Haus.
(Schnecke)

Zuerst klein und schnell, dann immer größer und langsamer laufe ich stetig und habe doch keine Füße.
(Fluß)

Man schlägt mit aller Kraft drauf.
Wenn man den eigenen trifft, schreit man.
(Nagel)

Man hält zehn vor sich hin.
Zieht ähnliche zehn davon ab.
Es bleiben trotzdem noch zehn.
(Zehn Finger. Man hat die Handschuhe ausgezogen.)

Es ist am Kopfe gefährlich.
Am Ofen braucht man es.
Einer Maus hilft es in der Gefahr.
(Loch)

Wo sehe ich alles umgekehrt?
(Im Spiegel)

Ich habe Zähne ohne Kopf,
bin auch bei Hähnen und Gebirgen zu finden.
(Kamm)

Morgens auf vier, mittags auf zwei und abends auf drei Beinen.
(Mensch)

Erst hat man mich aus der Mine geholt,
dann hat man mich in ein hölzernes Zimmer gesperrt.
Ich bin jedem nützlich und werde doch immer um einen Kopf kürzer gemacht.
(Bleistift)

Jeder wird es.
doch keiner möchte es sein.
(Alt)

Wer kann auch den Stärksten überwältigen?
(Schlaf)

Der Mensch kann ohne diesen nicht leben.
(Ohne seinen Namen)

Zwei Männer laufen um die Wette.
Einer bekommt zwanzig Schritte vorgegeben.
Sooft dieser vier Schritte macht,
macht der andere fünf Schritte.
Nach wieviel Schritten hat er ihn eingeholt?
(Nach 100 Schritten)

Eine Familie hat vier Buben und jeder hat eine Schwester.
Wieviel köpfig ist die Familie?
(Siebenköpfig)

Es fällt auf uns vom Himmel, tut doch nicht weh und kann uns ganz zudecken.
Was ist das?
(Schnee)

Es fliegt in der Luft,
es liegt auf der Erde,
es zerfließt in der Hand,
ist mal groß und mal klein,
was mag das wohl sein?
(Schnee)

Am Dach hängt es hart,
ist ganz erstarrt,
die Sonne läßt's weinen.
Was mag ich nur meinen?
(Eiszapfen)

Es ist wie Kreide so weiß,
wie eine Feder so leicht,
so feucht, wie Schaum
und viele füllen den Raum.
(Schneeflocken)

Erst weiß wie Schnee,
dann grün wie Klee,
dann rot wie Blut,
schmeckt allen Kindern gut.
(Kirsche)

Wer kennt den Vogel, der sich selbst beim Namen ruft?
(Kuckuck)

Er läuft mir nach, bleibt mit mir stehn
und manches Mal kann ich ihn nicht sehn.
(Schatten)

Am Tag kann man ihn sehn, aber in der Nacht nicht finden.
(Schatten)

Es ist wie eine Maus so klein,
außen stachlig wie ein Igel,
aber innen braun und glatt,
wie ein Spiegel.
Wir können es nur im Herbst finden.
(Kastanie)

Es fliegt in der Luft und man hält es trotzdem fest.
(Drachen)

Mit welchem Korb kann man nicht einkaufen?
(Papierkorb)

Welches ist das stärkste Tier?
(Schnecke, sie trägt ihr eigenes Haus)

Was hat Federn und kann doch nicht fliegen?
(Federbett)

Wie ist das Schwarze Meer?
(naß)

Wer hat vier Füße und kann trotzdem nicht laufen?
(Tisch)

Aus welchem Becher kann man nicht trinken?
(Aschenbecher)

Welcher Hut paßt auf keinen Kopf?
(Fingerhut)

Welche Birne kann man nicht essen?
(Glühbirne)

Welchen Schirm spannt man auf, auch wenn es nicht regnet?
(Sonnenschirm)

Welcher Mann kann nicht gehen?
(Schneemann)

Welches Schwein schluckt Geld?
(Sparschwein)

Welche Uhr schluckt Geld?
(Parkuhr)

Mit welchem Besen kann man nicht kehren?
(Schneebesen)

Welchen Schnee kann man selbst herstellen?
(Eierschnee)

Welcher Mann ist schwarz und doch kein Neger?
(Schornsteinfeger)

Welche Hose kann man nicht anziehen?
(Windhose)

An welchem Baum hängen Süßigkeiten?
(Weihnachtsbaum)

Welche Eier sind bunt und auch manchmal süß?
(Ostereier)

Mit welcher Decke kann man sich nicht zudecken?
(Zimmerdecke)

Welche Watte kann man essen?
(Zuckerwatte)

In welchem Salat ist lauter Obst?
(Obstsalat)

Welche Stifte malen rot?
(Rotstifte)

Welche Rose blüht nicht?
(Windrose)

Wer weiß, von welchem Märchen die Rede ist?

Am dritten Tag, als die Eltern und Schwestern
fort waren, ging ... wieder zu seiner
Mutter Grab und sprach zu dem Bäumchen:
„Bäumchen, rüttel dich und schüttel dich,
wirf Gold und Silber über mich."
(Aschenputtel)

Die Königin stellte sich daheim vor den Spiegel und sprach:
„Spieglein, Spieglein an der Wand,
wer ist die Schönste im ganzen Land?"
Da antwortete er wie vorher:
„Frau Königin, Ihr seid die Schönste hier,

aber... über den Bergen
bei den sieben ... ist noch tausendmal
schöner als Ihr."
(Schneewittchen)

Um das Feuer sprang ein gar zu lächerliches Männchen,
hüpfte auf einem Bein und schrie:
„Heut back' ich, morgen brau' ich
übermorgen hol ich der Königin ihr Kind;
ach, wie gut, daß niemand weiß,
daß ich ... heiß'!"
(Rumpelstilzchen)

Indessen klopfte es zum zweitenmal und rief:
„Königstochter, jüngste
mach mir auf!
Weißt du nicht, was gestern
du zu mir gesagt
bei dem kühlen Brunnenwasser?
Königstochter, jüngste
mach mir auf!"
(Froschkönig)

Da rief eine feine Stimme aus der Stube heraus:
„Knusper, knusper kneuschen,
wer knuspert an meinem Häuschen?"
Die Kinder antworteten:
„Der Wind, der Wind,
das himmlische Kind."
(Hänsel und Gretel)

Als der Wolf ausgeschlafen hatte, machte er sich auf die Beine, und weil er großen Durst empfand, wollte er zu einem Brunnen gehen und trinken. Als er aber anfing, sich zu bewegen, stießen die Steine in seinem Bauch aneinander und kullerten. Da rief er:
„Was rumpelt und pumpelt
in meinem Bauch?

Ich meinte, es wären sechs...,
so sind's lauter Wackersteine."
(Der Wolf und die sieben Geißlein)

Als sie in einen großen Wald kamen, da fragte sie:
„Ach, wem gehört der schöne Wald?"
„Der gehört dem ...!
Hätt'st du ihn genommen, so wär er dein!"
„Ich arme Jungfer zart,
ach, hätt' ich genommen den ...!"
(König Drosselbart)

In der Nacht aber sah der Küchenjunge, wie eine Ente durch
die Gosse geschwommen kam, die sprach:
„König, was machst du?
Schläfst du oder wachst du?"
Und als er keine Antwort gab, sprach sie:
„Was machen meine Gäste?"
Da antwortete der Küchenjunge:
„Sie schlafen feste."
Und die Ente fragte weiter:
„Was macht mein Kindlein?"
Der Junge antwortete:
„Es schläft in der Wiege fein."
(Die drei Männlein im Walde)

Es rief: „guten Morgen!", bekam aber keine Antwort. Darauf ging es zum Bett und zog die Vorhänge zurück. Da lag die Großmutter, hatte die Haube tief ins Gesicht gesetzt und sah so wunderlich aus.
„Ei, Großmutter, was hast du für große...!"
„Daß ich dich besser hören kann."
(Rotkäppchen)

...sang:
„Mein Vöglein mit dem Ringlein rot
singt Leide, Leide, Leide;
es singt dem Täublein seinen Tod,

singt Leide, Lei – zicküt, zicküt, zicküt.“
...sah nach ...
(Jorinde und Joringel)

Als er gegessen und getrunken hatte, war er müde, legte der Großmutter seinen Kopf in den Schoß und sagte, sie solle ihn ein wenig lausen. Es dauerte nicht lange, so schlummerte er ein, blies und schnarchte. Da faßte die Alte ein ... Haar, riß es aus und legte es neben sich.
„Autsch!“ schrie der Teufel, „was tust du?“ „Ich hab einen schweren Traum gehabt, da habe ich dir in die Haare gefaßt.“
„Was hat dir denn geträumt?“ fragte der Teufel.
„Mir hat geträumt, ein Marktbrunnen, aus dem sonst Wein quoll, sei versiegt, und es habe nicht einmal mehr Wasser daraus quellen wollen; was ist wohl schuld daran?“
(Der Teufel mit den drei goldenen Haaren)

Hier stimmt etwas nicht!

Hier wurden fast alle Tiernamen durcheinander gebracht. Wißt Ihr, wie die Tiere richtig heißen?

Krokofant
Eledil
Afler
Adfe
Eichelkatze
Wildhäher
Wildhorn
Naskatze
Trutkehlchen
Rothenne
Leofant
Elepard
Meerkaninchen

Zwergschweinchen
Edel
Pusel
Fersel
Ekel
Nasenfant
Elebär
Perlhamster
Goldhuhn
Tige
Zieger
Eisfink
Buchbär

Such- und Wortspiele

Wenn es einmal ganz langweilig ist, dann sind die Suchspiele gerade richtig. Man kann allein suchen, aber auch zu zweit. Aber erst selbst suchen und dann nach der Lösung sehen!

Vogelsuchspiel

Sicher kennt Ihr alle die Vogelhochzeit. Die Leute hatten damals keine Ahnung von den vielen Vögeln, die da als Hochzeitsgäste auf dem Plan waren. Vielleicht haben sie auch nur gedacht, 10 Strophen und Vögel sind genug, sonst trocknet jedem Sänger die Kehle aus.

In diesem Suchspiel sind natürlich auch nicht alle Vögel genannt.

Wenn Ihr alle Vögel gefunden habt, schaut Euch einmal genau die restlichen Buchstaben an, da werdet Ihr staunen, denn auch diese Buchstaben haben noch einen Sinn.

ADLER, AMSEL, AUERHAHN
BUCHFINK
DISTELFINK, DOMPFAFF, DROSSEL
EICHELHAEHER, ELSTER, ENTE
FINK
GEIER
HAUBITZE
IBIS
KOHLMEISE, KOLIBRI
LERCHE
MEISE, MOEWE
NACHTIGALL
OHREULE
PELIKAN, PFAU, PUTE
RABE, REGENPFEIFER, REIHER
SCHLUCKSPECHT, SCHWAN, SPATZ, STAR, STORCH
STRANDHAUBITZE
SUPPENHUHN
TAUBE
UHU
WIEDEHOPF
ZAUNKOENIG, ZEISIG, ZWERGHUHN

Vogelsuchspiel

A	U	E	R	H	A	H	N	A	K	O	L	I	B	R	I	L
D	L	E	E	V	M	O	A	E	O	G	E	B	L	E	S	Z
L	I	N	G	D	S	S	C	S	H	C	H	I	O	I	N	W
E	D	D	E	A	E	A	H	C	L	L	L	S	E	H	V	E
R	I	O	N	E	L	G	T	H	M	O	E	W	E	E	E	R
L	S	A	P	L	L	E	I	W	E	L	S	T	E	R	A	G
S	T	M	F	S	E	L	G	A	I	D	P	R	O	W	D	H
T	E	P	E	L	I	K	A	N	S	S	A	S	S	I	R	U
R	L	E	I	L	P	F	L	I	E	S	T	N	U	E	O	H
A	F	P	F	A	U	K	L	U	N	C	Z	D	P	D	S	N
N	I	S	E	T	T	A	R	U	U	H	N	D	P	E	S	D
D	N	I	R	E	E	I	C	H	E	L	H	A	E	H	E	R
H	K	G	A	K	N	Z	E	U	V	U	O	G	N	O	L	E
A	L	S	C	N	M	H	A	R	R	C	W	U	H	P	E	N
U	S	C	H	I	E	E	N	A	D	K	H	I	U	F	R	E
B	U	C	H	F	I	N	K	B	I	S	C	N	H	E	F	R
I	O	H	A	L	S	E	S	E	J	P	R	A	N	B	H	R
T	L	A	U	E	E	U	G	I	N	E	O	K	N	U	A	Z
Z	T	E	B	R	R	H	E	E	I	C	T	L	U	A	N	E
E	D	S	I	C	E	G	I	E	N	H	S	W	I	T	E	I
S	I	E	T	H	A	L	E	L	S	T	A	R	E	L	U	S
S	T	I	Z	E	G	S	R	I	O	H	R	E	U	L	E	I
E	N	T	E	N	D	O	M	P	F	A	F	F	D	Y	Z	G

Namensuchspiel

Adelheid Angsthase und Andreas Augenstern haben erst vor kurzer Zeit geheiratet. Jetzt heißen sie Adelheid und Andreas Augenstern-Angsthase.

Adelheid hat bei einem Arztbesuch erfahren, daß sie bald ein Baby bekommt. Darüber freuen sich Adelheid und Andreas so sehr, daß sie sich am gleichen Abend noch zusammensetzen, um einen Namen für ihr Baby zu finden.

Weil sie es so lustig finden, daß ihre Vor- und Zunamen mit einem „A" beginnen, beschließen sie, für ihr Baby einen Vornamen zu suchen, der auch mit dem Buchstaben „A" beginnt. Sie haben lange gesessen, das könnt Ihr am Ergebnis sehen.

Wenn Ihr alle Namen gefunden und angestrichen habt, schaut Euch auch hier die übrigen Buchstaben der Reihe nach an, vielleicht könnt Ihr noch was entdecken.

AAGTJE, ACHMED, ADALBERT, ADELGUNDE,
ADOLF, ADRIAN, AGATHE, ALBERT,
ALEXA, ALEXANDER, ALINE, ALOIS,
AMALIE, AMANDA, ANGELA, ANGELIKA,
ANITA, ANJA, ANKE, ANNE,
ANNEGRET, ANNELIESE, ANNEMARIE, ANNETTE,
ANSBERT, ANSGAR, ANTJE, ANTON,
ANTONIE, ANUSCHKA, APOLLONIA, ARCHIBALD,
ARIADNE, ARIANE, ARMIN, ARNE,
ARMIN, ASKIN, ASTA, ASTRID

Namensuchspiel

A	D	A	L	B	E	R	T	X	A	D	R	I	A	N	X	A
A	H	N	E	U	T	I	R	S	N	T	E	A	N	T	O	N
G	I	G	N	F	E	S	E	T	N	B	E	N	U	I	D	N
T	R	E	B	L	A	E	B	N	E	F	R	G	S	O	E	E
J	S	L	C	H	L	E	S	N	T	A	M	E	C	S	E	M
E	E	I	B	A	I	A	N	I	T	A	L	L	H	L	U	A
A	N	K	E	A	N	J	A	N	E	S	D	A	K	A	K	R
A	G	A	T	H	E	O	N	Z	E	T	R	T	A	N	U	I
D	N	D	A	R	N	I	M	E	I	A	N	T	O	N	I	E
E	N	A	I	R	A	N	A	G	R	O	S	S	E	E	S	D
L	I	N	E	A	S	T	R	I	D	R	A	Q	U	L	A	A
G	K	Q	U	A	K	K	N	Q	U	A	C	K	Q	I	U	N
U	A	K	Q	U	I	A	E	K	Q	U	H	A	K	E	Q	S
N	U	A	K	Q	N	U	A	K	Q	U	M	A	K	S	Q	G
D	L	A	B	I	H	C	R	A	U	A	E	A	K	E	Q	A
E	U	L	A	K	Q	U	A	P	K	L	D	Q	A	U	A	R
K	Q	E	U	A	A	K	Q	O	U	O	A	K	N	Q	U	A
A	K	X	Q	U	L	A	K	L	Q	I	U	A	N	K	Q	U
M	A	A	K	Q	E	U	A	L	K	S	Q	U	E	A	K	A
A	Q	N	U	A	X	K	Q	O	U	A	R	M	I	N	A	N
N	K	D	Q	U	A	A	K	N	A	N	N	E	G	R	E	T
D	Q	E	A	D	O	L	F	I	U	A	M	A	L	I	E	J
A	A	R	K	Q	A	R	I	A	D	N	E	U	A	K	X	E

Berufesuchspiel

Dorothee, Nicole, Elke und Klaus spielen Beruferaten. Vorher haben sie sich auf einer Liste eine ganze Menge Berufe aufgeschrieben. Damit es etwas interessanter wird, führt jeder die einzelnen Berufe vor. Dabei dürfen sie aber nicht sprechen. Sie dürfen nur ganz typische Körperbewegungen vorführen. Der Gesichtsausdruck ist dabei besonders wichtig. Man nennt das Pantomime.

Was sich die Kinder an Berufen ausgedacht haben, habe ich für Euch aufgeschrieben.

Dieses Suchspiel eignet sich für kleine und große Schauspieler zum Nachspielen. Manchem wird es eine willkommene Hilfe beim Stadt-Land-Fluß-Spiel sein.

Natürlich ist auch hier wieder etwas mit den restlichen Buchstaben angestellt worden.

APOTHEKER, BIBLIOTHEKAR,
CHEMIKER, DACHDECKER,
ELEKTRIKER, FLIESENLEGER,
GAERTNER, GLASER,
HOTELIER, IMKER,
JOURNALIST, KOCH,
LEHRER, MALER,
NOTAR, OPTIKER,
PFARRER, PILOT,
RECHTSANWALT, SCHORNSTEINFEGER,
TIERPFLEGER, UHRMACHER,
WINZER, ZAHNARZT

Berufesuchspiel

K	W	E	R	W	R	I	Z	A	H	N	A	R	Z	T	L	L
O	F	L	E	I	E	S	S	U	I	G	E	M	H	A	N	D
C	W	E	R	K	K	E	R	H	S	E	H	A	N	B	D	E
H	O	T	E	L	I	E	R	R	R	M	U	L	S	I	S	S
Z	U	U	N	S	M	K	I	M	N	D	E	E	R	B	C	N
G	W	I	N	Z	E	R	E	A	H	N	S	R	T	L	H	E
I	N	A	U	F	H	R	S	C	T	E	I	N	S	I	O	T
E	I	R	E	K	C	E	D	H	C	A	D	N	A	O	R	U
F	S	E	T	E	I	K	N	E	D	A	S	H	A	T	N	E
U	S	C	C	H	E	I	N	R	W	I	R	D	B	H	S	A
L	D	H	F	E	R	R	T	I	G	S	E	I	N	E	T	O
R	A	T	O	N	W	T	I	E	F	O	P	T	I	K	E	R
E	I	S	N	O	W	K	I	E	F	E	F	I	N	A	I	E
D	E	A	R	M	A	E	L	E	R	S	A	T	R	R	N	G
R	E	N	I	C	H	L	E	H	R	E	R	T	D	I	F	E
E	E	W	W	G	A	E	R	T	N	E	R	A	E	N	E	L
K	D	A	E	F	E	I	N	P	P	O	E	C	H	P	G	N
E	O	L	C	H	P	O	C	I	H	P	R	O	C	H	E	E
H	P	T	I	E	R	P	F	L	E	G	E	R	O	C	R	S
T	H	P	O	C	E	H	D	O	E	R	S	C	H	U	S	E
O	T	E	R	S	K	C	H	T	L	G	L	A	S	E	R	I
P	A	E	G	T	M	M	I	R	Z	U	D	A	S	L	O	L
A	C	H	T	S	I	L	A	N	R	U	O	J	A	H	A	F

Autoteile-Suchspiel

Fridolin Tatzelmeyer und Balduin Mäuseschreck wollen eine Autofahrt ins Grüne unternehmen. Den Picknickkorb und die anderen nötigen Utensilien haben sie bereits im Auto verstaut. Jetzt kann es eigentlich losgehen. Aber das Auto läßt sich nicht in Gang bringen. Sie haben alles ausprobiert. So ein Mist! Es bleibt ihnen wohl nichts anderes übrig als nachzusehen, was dem Auto fehlt.

Sie machen sich an die Arbeit und nehmen dabei das Auto halbwegs auseinander.

Die viele Arbeit hätten sie sich sparen können, denn nur die Batterie war leer. Ulrich Unordnung, ein Freund von ihnen, hatte nach der letzten Fahrt vergessen, das Licht auszumachen.

Damit Ihr auch wißt, was die beiden Helden alles ausgebaut haben, habe ich es für Euch aufgeschrieben.
Auch hier könnt Ihr zum Schluß nachsehen, was es mit den restlichen Buchstaben auf sich hat.

AUSPUFFTOPF, BATTERIE,
BLINKRELAIS, BREMSBELÄGE,
BREMSPEDAL, BREMSSEILE,
BREMSTROMMELN, ERSATZREIFEN,
FELGEN, GASZUG,
GETRIEBE, HANDBREMSE,
HINTERACHSE, KONTAKTE,
KREUZSCHLÜSSEL, KUPPLUNGSSCHEIBE,
LICHTMASCHINE, LUFTFILTER,
MOTOR, RADKAPPE,
SCHRAUBEN, STEUER,
WAGENHEBER, ZÜNDKERZEN

Autoteile-Suchspiel

A	U	S	P	U	F	F	T	O	P	F	Z	M	O	T	O	R
R	I	C	R	A	S	R	U	T	S	E	U	C	H	W	I	A
B	R	H	F	W	T	A	H	R	E	L	E	N	L	I	N	D
L	D	R	E	A	E	R	K	U	T	G	N	S	I	C	H	K
I	W	A	I	G	U	R	F	A	H	E	D	B	C	R	E	A
N	N	U	U	E	E	E	B	E	R	N	K	R	H	S	T	P
K	O	B	C	N	R	K	L	U	N	D	E	E	T	S	T	P
R	E	E	I	H	N	D	A	A	B	K	R	M	M	R	I	E
E	C	N	H	E	T	D	D	A	G	U	Z	S	A	G	S	S
L	C	H	I	B	M	M	E	E	L	P	E	T	S	C	H	E
A	E	N	H	E	E	I	P	N	B	P	N	R	C	E	I	R
I	N	R	I	R	I	R	S	A	E	L	R	O	H	U	T	S
S	S	B	N	C	B	H	M	E	S	U	S	M	I	I	K	A
S	L	R	T	T	R	N	E	I	M	N	C	M	N	H	O	T
T	U	E	E	B	E	I	R	T	E	G	S	E	E	E	N	Z
M	F	M	R	I	M	T	B	D	R	S	E	L	R	I	T	R
K	T	S	A	U	S	T	S	C	B	S	H	N	R	R	A	E
I	F	B	C	R	S	A	R	I	D	C	T	T	E	E	K	I
N	I	E	H	W	E	I	R	F	N	H	A	H	R	T	T	F
E	L	L	S	N	I	I	N	D	A	E	E	M	S	T	E	E
C	T	Ä	E	H	L	L	I	T	H	I	T	E	N	A	W	N
I	E	G	R	F	E	A	H	R	E	B	N	S	C	B	H	O
K	R	E	U	Z	S	C	H	L	U	E	S	S	E	L	E	N

Comics-Suchspiel

Knut, Lutz, Martin und Theo lesen für ihr Leben gerne Comics. Die Hefte stapeln sich bereits in ihren Zimmern.

Sie haben Langeweile, denn es regnet schon den ganzen Tag. So oft sie auch ihr Geld zählen, es reicht nicht für das gerade neu erschienene Heft.

Mißmutig hocken sie in Theos Bude und brüten, wie sie mit diesem verregneten Tag doch noch etwas anfangen können. Ich hab's, schreit Knut: „Wenn wir schon kein neues Comic kaufen können, machen wir zur Abwechslung eben selbst mal eins." Auf diese Weise verschwindet auch noch die letzte Schere im Haushalt.

Aber sie haben viel Spaß beim Ausschneiden und Kleben ihres Comics.

In ihrem neuen Comicheft ist Fräulein Rottenmeyer damit beschäftigt, Asterix und Obelix „anständige Manieren" beizubringen. Beim Teutates, nicht die Römer spinnen, sondern viel eher Fräulein Rottenmeyer. Vielleicht haben die Römer sie geschickt, um Unruhe zu stiften.

Unsere Comicbastler haben viel Spaß. Hierbei sind aber auch eine Menge anderer Comicfiguren aktiv geworden.

Auch hier läßt sich mit den übrigen Buchstaben noch etwas anfangen.

ASTERIX, BIENE MAYA, CLEVER UND SMART,
DAGOBERT DUCK, DOKTOR BAKTERIUS, DONALD DUCK,
FIX UND FOXI, FRAEULEIN ROTTENMEYER, GUTE MINE,
HEIDI, IDEFIX, ISNOGUD,
MAJESTIX, MICKYMAUS, MIRACULIX,
OBELIX, PEANUTS, PINOCCHIO,
PLUTO, SCHROEDER, SCHWEINCHEN DICK,
SINDBAD, SUPERMAN, TARZAN,
TROUBADIX

Comics-Suchspiel

S	C	H	W	E	I	N	C	H	E	N	D	I	C	K	S	D
U	P	G	U	T	E	M	I	N	E	A	O	N	P	N	E	O
P	N	L	P	L	U	T	O	A	N	G	N	E	E	R	F	K
E	H	A	N	S	B	I	E	N	E	M	A	Y	A	E	R	T
R	F	I	X	U	N	D	F	O	X	I	L	L	N	N	A	O
M	I	R	A	C	U	L	I	X	U	D	D	E	U	L	E	R
A	D	I	P	C	K	E	D	I	I	R	D	N	T	G	U	B
N	E	H	I	N	W	I	R	R	I	N	U	D	S	E	L	A
N	G	A	N	R	T	E	N	E	S	C	C	H	U	E	E	K
T	T	E	O	L	N	W	I	T	R	D	K	I	E	B	I	T
I	I	R	C	N	S	C	I	S	N	O	G	U	D	H	N	E
D	U	E	C	S	T	S	T	A	E	B	L	I	A	C	R	R
E	H	D	H	C	I	I	E	G	R	E	O	S	G	S	O	I
F	E	N	I	H	S	N	C	H	U	L	E	T	O	T	T	U
I	E	L	O	R	S	D	T	D	X	I	U	D	B	I	T	S
X	E	T	R	O	U	B	A	D	I	X	K	L	E	E	E	I
N	W	A	E	E	N	A	N	D	T	A	S	S	R	A	N	E
C	K	R	L	D	E	D	I	N	S	V	O	L	T	L	M	I
S	T	Z	G	E	E	H	N	H	E	I	D	I	D	W	E	I
R	W	A	I	R	E	D	E	R	J	H	E	I	U	M	Y	L
A	U	N	F	D	O	C	H	N	A	I	C	H	C	T	E	S
N	S	U	A	M	Y	K	C	I	M	A	E	R	K	R	R	I
C	L	E	V	E	R	U	N	D	S	M	A	R	T	S	C	H

Blumen- und Pflanzensuchspiel

Esther, Eva und Gaby waren mit ihren Eltern im Palmengarten in Frankfurt. Dort haben sie viele wunderschöne Blumen und Pflanzen gesehen. Damit sie die Namen von den Blumen und Pflanzen nicht so schnell vergessen können, schreiben sie sie auf. Die Eltern haben von allen Blumen ein Foto gemacht. Wenn die Fotos fertig sind, wollen die Kinder sie in ein Fotoalbum kleben und die entsprechenden Namen dazuschreiben.

Was sie gesehen haben, habe ich für Euch aufgeschrieben. Natürlich gibt es noch viel mehr Blumen und Pflanzen, nur hätten sie gar nicht alle Platz in unserem Suchspiel.

Vielleicht könnt Ihr auch hier mit den restlichen Buchstaben noch etwas anfangen.

AKELEI, ALPENVEILCHEN,
ASTER, BUTTERBLUME,
CHRYSANTHEME, EDELWEISS,
EFEU, ENZIAN,
GAENSEBLÜMCHEN, HAHNENFUSS,
HERBSTZEITLOSE, HYAZINTHE,
KAKTUS, KLATSCHMOHN,
KROKUS, LEBERBLUEMCHEN,
LILIE, LOEWENZAHN,
MAIGLOECKCHEN, NARZISSE,
NELKE, ORCHIDEE,
OSTERGLOCKE, PRIMEL,
ROSE, SCHNEEGLOECKCHEN,
TULPE, USAMBARAVEILCHEN,
VEILCHEN, WEGERICH

Blumen- und Pflanzensuchspiel

S	C	H	N	E	E	G	L	O	E	C	K	C	H	E	N	W
I	N	T	E	E	F	R	A	D	E	S	C	H	E	E	I	D
U	E	N	L	O	E	W	E	N	Z	A	H	N	R	T	U	T
S	W	E	K	H	U	E	A	B	E	R	D	E	B	I	N	G
A	S	C	E	H	E	G	I	D	E	N	M	A	S	C	H	A
M	A	I	G	L	O	E	C	K	C	H	E	N	T	T	D	E
B	B	U	T	T	E	R	B	L	U	M	E	A	Z	S	M	N
A	I	R	D	V	E	I	L	C	H	E	N	A	E	K	S	S
R	H	E	R	Z	N	C	E	E	L	A	A	L	I	L	I	E
A	C	H	T	W	E	H	I	H	N	T	R	E	T	A	R	B
V	A	E	D	C	H	E	S	T	C	H	Z	E	L	T	I	L
E	E	D	I	H	C	R	O	N	D	E	I	N	O	S	T	U
I	U	E	T	R	L	W	S	I	E	H	S	G	S	C	E	E
L	R	L	N	Y	I	E	T	Z	V	E	S	R	E	H	S	M
C	G	W	E	S	E	S	E	A	A	S	E	I	C	M	S	C
H	H	E	D	A	V	E	R	Y	S	I	N	K	A	O	U	H
E	N	I	N	N	N	S	G	H	T	U	L	P	E	H	F	E
N	T	S	I	T	E	M	L	M	E	E	R	F	E	N	N	N
R	N	S	E	H	P	S	O	E	R	I	N	W	I	N	E	T
P	R	I	M	E	L	E	C	K	R	O	K	U	S	R	N	A
D	O	E	S	M	A	C	K	A	K	T	U	S	H	E	H	I
D	S	E	N	E	T	U	E	N	Z	I	A	N	T	W	A	E
L	E	B	E	R	B	L	U	E	M	C	H	E	N	H	H	X

Musik-Suchspiel

Dieses Suchspiel könnt Ihr mit Euren Eltern gemeinsam lösen. Im oberen Feld sind Popmusiker und Lieder von ihnen versteckt.

Im unteren Feld habt Ihr es mit berühmten Komponisten und ihren Werken zu tun.

Selbst hier sind die restlichen Buchstaben nicht einfach übrig.

Popmusiker und Ihre Lieder

JOAN BAEZ - KITTY
LEONARD COHEN - BIRD ON THE WIRE
DONOVAN - CATCH THE WIND
BOB DYLAN - HOW MANY ROADS
PROCOL HARUM - A SALTY DOG
MIKE OLDFIELD - TUBULAR BELLS
PETER PAUL AND MARY - IF I HAD A HAMMER
WINGS - MULL OF KINTYRE

Berühmte Komponisten und ihre Werke

BACH - JOHANNESPASSION
BEETHOVEN - MONDSCHEINSONATE
MOZART - ZAUBERFLÖTE
ORFF - CARMINA BURANA
SCHUBERT - DEUTSCHE MESSE
SCHUMANN - TRAEUMEREI
SMETANA - MOLDAU
VERDI - AIDA

Musik-Suchspiel

I	F	I	H	A	D	A	H	A	M	M	E	R	T	H	D	G
E	C	A	T	C	H	T	H	E	W	I	N	D	B	A	O	O
B	M	U	L	L	O	F	K	I	N	T	Y	R	E	T	N	D
O	M	U	R	A	H	L	O	C	O	R	P	T	L	E	O	Y
B	I	R	D	O	N	T	H	E	W	I	R	E	Y	O	V	T
D	L	E	I	F	D	L	O	E	K	I	M	F	T	E	A	L
Y	H	O	W	M	A	N	Y	R	O	A	D	S	T	P	N	A
L	P	I	N	Z	E	A	B	N	A	O	J	W	I	N	G	S
A	T	U	B	U	L	A	R	B	E	L	L	S	K	G	F	A
N	O	R	E	S	N	E	H	O	C	D	R	A	N	O	E	L
P	E	T	E	R	P	A	U	L	A	N	D	M	A	R	Y	T
X	X	X	X	X	X	X	X	X	X	X	X	X	X	X	X	X
J	O	H	A	N	N	E	S	P	A	S	S	I	O	N	D	I
B	E	E	T	H	O	V	E	N	E	K	A	T	A	I	D	A
S	C	A	R	M	I	N	A	B	U	R	A	N	A	S	Z	E
M	L	A	S	C	H	U	M	A	N	N	E	S	S	C	T	D
E	T	E	O	L	F	R	E	B	U	A	Z	A	B	H	S	I
T	R	A	E	U	M	E	R	E	I	M	A	U	A	U	S	D
A	E	N	N	M	O	Z	A	R	T	I	C	H	C	B	T	R
N	D	M	O	L	D	A	U	I	E	J	U	N	H	E	G	E
A	F	E	R	N	O	R	F	F	B	L	E	I	B	R	E	V
M	O	N	D	S	C	H	E	I	N	S	O	N	A	T	E	N
B	A	E	S	S	E	M	E	H	C	S	T	U	E	D	C	H

Suchspiel zum Selbstbasteln

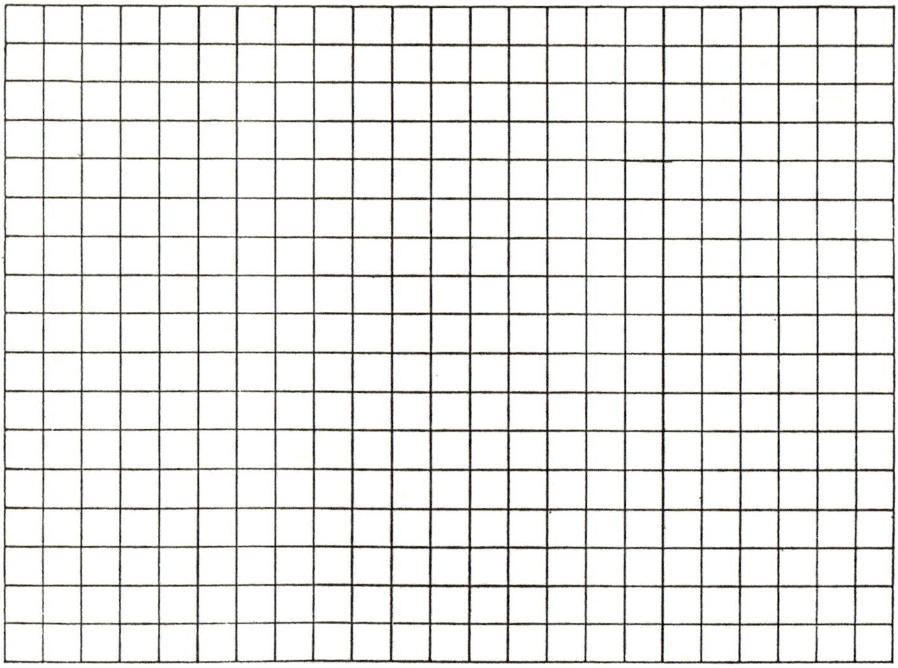

Auflösung des Suchspiels zum Selbstbasteln

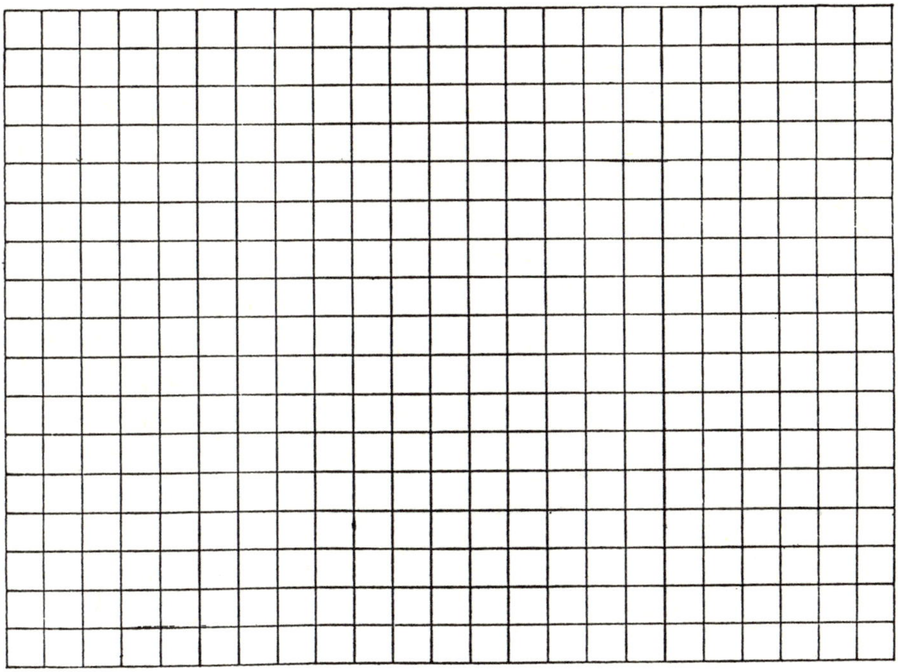

Suchspiel zum Selbstbasteln

Auflösung des Suchspiels zum Selbstbasteln

Suchspiellösungen

Lösung des Vogelsuchspiels Alle Vögel sind schon da . . .

A	U	E	R	H	A	H	N	A	K	O	L	I	B	R	I	L
D	L	E	E	V	M	O	A	E	O	G	E	B	L	E	S	Z
L	I	N	G	D	S	S	C	S	H	C	H	I	O	I	N	W
E	D	D	E	A	E	A	H	C	L	L	L	S	E	H	V	E
R	I	O	N	E	L	G	T	H	M	O	E	W	E	E	E	R
L	S	A	P	L	L	E	I	W	E	L	S	T	E	R	A	G
S	T	M	F	S	E	L	G	A	I	D	P	R	O	W	D	H
T	E	P	E	L	I	K	A	N	S	S	A	S	S	I	R	U
R	L	E	I	L	P	F	L	I	E	S	T	N	U	E	O	H
A	F	P	F	A	U	K	L	U	N	C	Z	D	P	D	S	N
N	I	S	E	T	T	A	R	U	U	H	N	D	P	E	S	D
D	N	I	R	E	E	I	C	H	E	L	H	A	E	H	E	R
H	K	G	A	K	N	Z	E	U	V	U	O	G	N	O	L	E
A	L	S	C	N	M	H	A	R	R	C	W	U	H	P	E	N
U	S	C	H	I	E	E	N	A	D	K	H	I	U	F	R	E
B	U	C	H	F	I	N	K	B	I	S	C	N	H	E	F	R
I	O	H	A	L	S	E	S	E	J	P	R	A	N	B	H	R
T	L	A	U	E	E	U	G	I	N	E	O	K	N	U	A	Z
Z	T	E	B	R	R	H	E	E	I	C	T	L	U	A	N	E
E	D	S	I	C	E	G	I	E	N	H	S	W	I	T	E	I
S	I	E	T	H	A	L	E	L	S	T	A	R	E	L	U	S
S	T	I	Z	E	G	S	R	I	O	H	R	E	U	L	E	I
E	N	T	E	N	D	O	M	P	F	A	F	F	D	Y	Z	G

Lösung des Namensuchspiels Heut ist ein Fest bei den Fröschen am See .

A	D	A	L	B	E	R	T	X	A	D	R	I	A	N	X	A
A	H	N	E	U	T	I	R	S	N	T	E	A	N	T	O	N
G	I	G	N	F	E	S	E	T	N	B	E	N	U	I	D	N
T	R	E	B	L	A	E	B	N	E	F	R	G	S	O	E	E
J	S	L	C	H	L	E	S	N	T	A	M	E	C	S	E	M
E	E	I	B	A	I	A	N	I	T		L	L	H	L	U	A
A	N	K	E	A	N	J	A	N	E	S	D	A	K	A	K	R
A	G	A	T	H	E	O	N	Z	E	T	R	T	A	N	U	I
D	N	D	A	R	N	I	M	E	I	A	N	T	O	N	I	E
E	N	A	I	R	A	N	A	G	R	O	S	S	E	E	S	D
L	I	N	E	A	S	T	R	I	D	R	A	Q	U	L	A	A
G	K	Q	U	A	K	K	N	Q	U	A	C	K	Q	I	U	N
U	A	K	Q	U	I	A	E	K	Q	U	H	A	K	E	Q	S
N	U	A	K	Q	N	U	A	K	Q	U	M	A	K	S	Q	G
D	L	A	B	I	H	C	R	A	U	A	E	A	K	E	Q	A
E	U	L	A	K	Q	U	A	P	K	L	D	Q	A	U	A	R
K	Q	E	U	A	A	K	Q	O	U	O	A	K	N	Q	U	A
A	K	X	Q	U	L	A	K	L	Q	I	U	A	N	K	Q	U
M	A	A	K	Q	E	U	A	L	K	S	Q	U	E	A	K	A
A	Q	N	U	A	X	K	Q	O	U	A	R	M	I	N	A	N
N	K	D	Q	U	A	A	K	N	A	N	N	E	G	R	E	T
D	Q	E	A	D	O	L	F	I	U	A	M	A	L	I	E	J
A	A	R	K	Q	A	R	I	A	D	N	E	U	A	K	X	E

Lösung des Berufesuchspiels Wer will fleißige Handwerker sehn . . .

K	W	E	R	W	R	I	Z	A	H	N	A	R	Z	T	L	L
O	F	L	E	I	E	S	S	U	I	G	E	M	H	A	N	D
C	W	E	R	K	K	E	R	H	S	E	H	A	N	B	D	E
H	O	T	E	L	I	E	R	R	R	M	U	L	S	I	S	S
Z	U	U	N	S	M	K	I	M	N	D	E	E	R	B	C	N
G	W	I	N	Z	E	R	E	A	H	N	S	R	T	L	H	E
I	N	A	U	F	H	R	S	C	T	E	I	N	S	I	O	T
E	I	R	E	K	C	E	D	H	C	A	D	N	A	O	R	U
F	S	E	T	E	I	K	N	E	D	A	S	H	A	T	N	E
U	S	C	C	H	E	I	N	R	W	I	R	D	B	H	S	A
L	D	H	F	E	R	R	T	I	G	S	E	I	N	E	T	O
R	A	T	O	N	W	T	I	E	F	O	P	T	I	K	E	R
E	I	S	N	O	W	K	I	E	F	E	F	I	N	A	I	E
D	E	A	R	M	A	E	L	E	R	S	A	T	R	R	N	G
R	E	N	I	C	H	L	E	H	R	E	R	T	D	I	F	E
E	E	W	W	G	A	E	R	T	N	E	R	A	E	N	E	L
K	D	A	E	F	E	I	N	P	P	O	E	C	H	P	G	N
E	O	L	C	H	P	O	C	I	H	P	R	O	C	H	E	E
H	P	T	I	E	R	P	F	L	E	G	E	R	O	C	R	S
T	H	P	O	C	E	H	D	O	E	R	S	C	H	U	S	E
O	T	E	R	S	K	C	H	T	L	G	L	A	S	E	R	I
P	A	E	G	T	M	M	I	R	Z	U	D	A	S	L	O	L
A	C	H	T	S	I	L	A	N	R	U	O	J	A	H	A	F

Lösung des Autoteile-Suchspiels Ri Ra Rutsch, wir fahren mit der Kutsch...

A	U	S	P	U	F	F	T	O	P	F	Z	M	O	T	O	R
R	I	C	R	A	S	R	U	T	S	E	U	C	H	W	I	A
B	R	H	F	W	T	A	H	R	E	L	E	N	L	I	N	D
L	D	R	E	A	E	R	K	U	T	G	N	S	I	C	H	K
I	W	A	I	G	U	R	F	A	H	E	D	B	C	R	E	A
N	N	U	U	E	E	E	B	E	R	N	K	R	H	S	T	P
K	O	B	C	N	R	K	L	U	N	D	E	E	T	S	T	P
R	E	E	I	H	N	D	A	A	B	K	R	M	M	R	I	E
E	C	N	H	E	T	D	D	A	G	U	Z	S	A	G	S	S
L	C	H	I	B	M	M	E	E	L	P	E	T	S	C	H	E
A	E	N	H	E	E	I	P	N	B	P	N	R	C	E	I	R
I	N	R	I	R	I	R	S	A	E	L	R	O	H	U	T	S
S	S	B	N	C	B	H	M	E	S	U	S	M	I	I	K	A
S	L	R	T	T	R	N	E	I	M	N	C	M	N	H	O	T
T	U	E	E	B	E	I	R	T	E	G	S	E	E	E	N	Z
M	F	M	R	I	M	T	B	D	R	S	E	L	R	I	T	R
K	T	S	A	U	S	T	S	C	B	S	H	N	R	R	A	E
I	F	B	C	R	S	A	R	I	D	C	T	T	E	E	K	I
N	I	E	H	W	E	I	R	F	N	H	A	H	R	T	T	F
E	L	L	S	N	I	I	N	D	A	E	E	M	S	T	E	E
C	T	Ä	E	H	L	L	I	T	H	I	T	E	N	A	W	N
I	E	G	R	F	E	A	H	R	E	B	N	S	C	B	H	O
K	R	E	U	Z	S	C	H	L	U	E	S	S	E	L	E	N

Lösung des Comics-Suchspiels Spannenlanger Hansel . . .

S	C	H	W	E	I	N	C	H	E	N	D	I	C	K	S	D
U	P	G	U	T	E	M	I	N	E	A	O	N	P	N	E	O
P	N	L	P	L	U	T	O	A	N	G	N	E	E	R	F	K
E	H	A	N	S	B	I	E	N	E	M	A	Y	A	E	R	T
R	F	I	X	U	N	D	F	O	X	I	L	L	N	N	A	O
M	I	R	A	C	U	L	I	X	U	D	D	E	U	L	E	R
A	D	I	P	C	K	E	D	I	I	R	D	N	T	G	U	B
N	E	H	I	N	W	I	R	R	I	N	U	D	S	E	L	A
N	G	A	N	R	T	E	N	E	S	C	C	H	U	E	E	K
T	T	E	O	L	N	W	I	T	R	D	K	I	E	B	I	T
I	I	R	C	N	S	C	I	S	N	O	G	U	D	H	N	E
D	U	E	C	S	T	S	T	A	E	B	L	I	A	C	R	R
E	H	D	H	C	I	I	E	G	R	E	O	S	G	S	O	I
F	E	N	I	H	S	N	C	H	U	L	E	T	O	T	T	U
I	E	L	O	R	S	D	T	D	X	I	U	D	B	I	T	S
X	E	T	R	O	U	B	A	D	I	X	K	L	E	E	E	I
N	W	A	E	E	N	A	N	D	T	A	S	S	R	A	N	E
C	K	R	L	D	E	D	I	N	S	V	O	L	T	L	M	I
S	T	Z	G	E	E	H	N	H	E	I	D	I	D	W	E	I
R	W	A	I	R	E	D	E	R	J	H	E	I	U	M	Y	L
A	U	N	F	D	O	C	H	N	A	I	C	H	C	T	E	S
N	S	U	A	M	Y	K	C	I	M	A	E	R	K	R	R	I
C	L	E	V	E	R	U	N	D	S	M	A	R	T	S	C	H

Lösung des Blumen- und Pflanzensuchspiels

Winter ade, scheiden tut weh . . .

S	C	H	N	E	E	G	L	O	E	C	K	C	H	E	N	W
I	N	T	E	E	F	R	A	D	E	S	C	H	E	E	I	D
U	E	N	L	O	E	W	E	N	Z	A	H	N	R	T	U	T
S	W	E	K	H	U	E	A	B	E	R	D	E	B	I	N	G
A	S	C	E	H	E	G	I	D	E	N	M	A	S	C	H	A
M	A	I	G	L	O	E	C	K	C	H	E	N	T	T	D	E
B	B	U	T	T	E	R	B	L	U	M	E	A	Z	S	M	N
A	I	R	D	V	E	I	L	C	H	E	N	A	E	K	S	S
R	H	E	R	Z	N	C	E	E	L	A	A	L	I	L	I	E
A	C	H	T	W	E	H	I	H	N	T	R	E	T	A	R	B
V	A	E	D	C	H	E	S	T	C	H	Z	E	L	T	I	L
E	E	D	I	H	C	R	O	N	D	E	I	N	O	S	T	U
I	U	E	T	R	L	W	S	I	E	H	S	G	S	C	E	E
L	R	L	N	Y	I	E	T	Z	V	E	S	R	E	H	S	M
C	G	W	E	S	E	S	E	A	A	S	E	I	C	M	S	C
H	H	E	D	A	V	E	R	Y	S	I	N	K	A	O	U	H
E	N	I	N	N	N	S	G	H	T	U	L	P	E	H	F	E
N	T	S	I	T	E	M	L	M	E	E	R	F	E	N	N	N
R	N	S	E	H	P	S	O	E	R	I	N	W	I	N	E	T
P	R	I	M	E	L	E	C	K	R	O	K	U	S	R	N	A
D	O	E	S	M	A	C	K	A	K	T	U	S	H	E	H	I
D	S	E	N	E	T	U	E	N	Z	I	A	N	T	W	A	E
L	E	B	E	R	B	L	U	E	M	C	H	E	N	H	H	X

Lösung des Musik-Suchspiels

Oberes Feld: The Battle of Epping Forest . . . Unteres Feld: Die Katze läßt das Mausen nicht . . .

I	F	I	H	A	D	A	H	A	M	M	E	R	T	H	D	G
E	C	A	T	C	H	T	H	E	W	I	N	D	B	A	O	O
B	M	U	L	L	O	F	K	I	N	T	Y	R	E	T	N	D
O	M	U	R	A	H	L	O	C	O	R	P	T	L	E	O	Y
B	I	R	D	O	N	T	H	E	W	I	R	E	Y	O	V	T
D	L	E	I	F	D	L	O	E	K	I	M	F	T	E	A	L
Y	H	O	W	M	A	N	Y	R	O	A	D	S	T	P	N	A
L	P	I	N	Z	E	A	B	N	A	O	J	W	I	N	G	S
A	T	U	B	U	L	A	R	B	E	L	L	S	K	G	F	A
N	O	R	E	S	N	E	H	O	C	D	R	A	N	O	E	L
P	E	T	E	R	P	A	U	L	A	N	D	M	A	R	Y	T
X	X	X	X	X	X	X	X	X	X	X	X	X	X	X	X	X
J	O	H	A	N	N	E	S	P	A	S	S	I	O	N	D	I
B	E	E	T	H	O	V	E	N	E	K	A	T	A	I	D	A
S	C	A	R	M	I	N	A	B	U	R	A	N	A	S	Z	E
M	L	A	S	C	H	U	M	A	N	N	E	S	S	C	T	D
E	T	E	O	L	F	R	E	B	U	A	Z	A	B	H	S	I
T	R	A	E	U	M	E	R	E	I	M	A	U	A	U	S	D
A	E	N	N	M	O	Z	A	R	T	I	C	H	C	B	T	R
N	D	M	O	L	D	A	U	I	E	J	U	N	H	E	G	E
A	F	E	R	N	O	R	F	F	B	L	E	I	B	R	E	V
M	O	N	D	S	C	H	E	I	N	S	O	N	A	T	E	N
B	A	E	S	S	E	M	E	H	C	S	T	U	E	D	C	H

Kunterbunte Fragen

Hier wurde versucht, die Ergebnisse zu den Fragen zu schreiben. Mir scheint, es ist beim Schreiben nicht so recht aufgepaßt worden. Vielleicht hat aber auch bei den Schriftsetzern der Fehlerteufel die Hand im Spiel gehabt? Es dürfte Euch nicht schwerfallen, den Begriffen wieder einen Sinn zu geben.

1. Eine kleine Märchengestalt?
   R . . . . n
   Chirlenstumpelz

2. Unterrichtsfach in der Grundschule?
   S . . . . t
   Schachtturnier

3. Comicfigur aus „Asterix"?
   K . . . . a
   Leoprakat

4. Kartenspiel?
   S . . . . r
   Warpezerschter

5. Scherzhaftes Wort für Lehrer?
   P . . . . r
   Reupak

6. Scherzhaftes Wort für Schule?
   P . . . e
   Nepen

7. Kleine Blume?
   G . . . . n
   Schenbümelgän

8. Teil vom Gebiß eines wilden Tieres? (Scherzfrage)
   L . . . . n
   Hölwanzen

9. Wenn die Sonne scheint, läuft er Euch immer hinterher?!
   S . . . . n
   Tatschen

Auflösung der kunterbunten Fragen

1. Eine Märchengestalt?
   Rumpelstilzchen

2. Unterrichtsfach in der Grundschule?
   Sachunterricht

3. Comicfigur aus „Asterix"?
   Kleopatra

4. Kartenspiel?
   Schwarzer Peter

5. Scherzhaftes Wort für Lehrer?
   Pauker

6. Scherzhaftes Wort für Schule?
   Penne

7. Kleine Blume?
   Gänseblümchen

8. Teil vom Gebiß eines wilden Tieres?
   (Scherzfrage)
   Löwenzahn

9. Wenn die Sonne scheint, läuft er Euch immer hinterher?!
   Schatten

Aus Zahlen werden Buchstaben Nr. 1

Bei den beiden nächsten Rätseln sollt Ihr für die Zahlen die jeweiligen Buchstaben einsetzen!

Gleiche Zahl ist gleicher Buchstabe

Beispiel: H a n d s t a n d
2 5 9 8 3 7 5 9 8

Sucht also erst einmal nach einem Begriff, der leicht zu lösen ist. Auf diese Weise könnt Ihr Euch nach und nach die Lösung der anderen Begriffe erarbeiten.

1
1 12 16 14 19 14
Schneidewerkzeug

2
6 4 2 8 14 19 14 19
Märchenwesen

3
5 14 14
Aufgußgetränk

4
3 15 16 7 14
Brennstoff

5
10 4 9 6 14
Mini-Spion oder Insekt

6
8 4 14 19
wildes Tier

7
5 15 19 5 14
Konditoreierzeugnis

8
16 15 1 14
Bekleidungsstück

9
5 4 5 15 19 5
Fernsehserie

10
3 19 4 12 16
Lärm

11
5 2 7 17 14
Blume

12
8 4 7 7
Spielutensil

Wenn das Rätsel richtig gelöst wurde, nennen die dritten Buchstaben von oben nach unten gelesen eine Tierbehausung!

Aus Zahlen werden Buchstaben Nr. 2

Beispiel: P u s t e k u c h e n
10 18 14 16 9 199 18 5 15 9 6

1
4 1 19 19 1 12 8 6 17
Nudelsorte

2
1 10 11 9 2 14 17 6 9
Südfrucht

3
9 6 13 2 1 6 7
europ. Land

4
12 8 14 9
schöne Blume

5
5 15 9 4 17 9
Unterrichtsfach

6
15 1 4 4 9 12
Werkzeug

7
9 17 14 3 9 17 6
Fleischgericht

8
6 9 1 10 9 2
ital. Stadt

9
3 1 12 16
Gesichtshaare

10
18 15 12
Zeitmesser

11
5 9 2 2 8
Saiteninstrument

12
15 1 4 14 16 9 12
kleines Nagetier

Nach richtiger Lösung nennen die Buchstaben von oben nach unten gelesen ein Buch, welches besonders von den jüngeren Kindern gern gelesen wird.

Auflösung – Aus Zahlen werden Buchstaben Nr. 1

1 Schere – Schneidewerkzeug

2 Zauberer – Märchenwesen

3 Tee – Aufgußgetränk

4 Kohle – Brennstoff

5 Wanze – Mini-Spion oder Insekt

6 Baer – wildes Tier

7 Torte – Konditoreierzeugnis

8 Hose – Bekleidungsstück

9 Tatort – Fernsehserie

10 Krach – Lärm

11 Tulpe – Blume

12 Ball – Spielutensil

Lösungswort: H u e h n e r s t a l l

Auflösung – Aus Zahlen werden Buchstaben Nr. 2

1 Schere – Schneidewerkzeug

2 Zauberer – Märchenwesen

3 Tee – Aufgußgetränk

4 Kohle – Brennstoff

5 Wanze – Mini-Spion oder Insekt

6 Baer – wildes Tier

7 Torte – Konditoreierzeugnis

8 Hose – Bekleidungsstück

9 Tatort – Fernsehserie

10 Krach – Lärm

11 Tulpe – Blume

12 Ball – Spielutensil

Lösungswort: M a e r c h e n b u c h

Rätselspiele

Kimspiele

Kimspiele sind Spiele, bei denen man sich besonders konzentrieren muß. Kinder jeder Altersgruppe und nicht zuletzt auch Erwachsene können sie spielen. Es kommt nur darauf an, wie schwer man sie macht.

Merkkim
Verschiedene Gegenstände werden so ausgelegt (auf dem Tisch oder Fußboden), daß alle Teilnehmer sie kurze Zeit betrachten können.
Ein Teilnehmer verläßt den Raum.
Nun werden einer oder mehrere Gegenstände weggenommen.
Der Teilnehmer kommt ins Zimmer und errät, was weggenommen wurde.

Gedächtniskim
Verschiedene Gegenstände, kleine und große, werden auf einem Tisch zurechtgelegt.
Alle Teilnehmer schauen sich die Gegenstände circa 30 Sekunden ganz genau an.
Danach wird ein Tuch über die Gegenstände gedeckt.
Die Aufgabe ist es, alle Gegenstände, die man gesehen hat, zu benennen.
Ein Spielführer kann die Anzahl der genannten Gegenstände aufschreiben. Derjenige, der die höchste Anzahl hat, hat gewonnen.

Veränderung des Spiels:
Der Spielführer nimmt die Gegenstände vom Tisch in einen verdeckten Karton.
Die Gegenstände, die der Spieler benennt, werden wieder auf den Tisch gelegt.
Bei dieser Veränderung müssen für neue Spiele, jeweils für einen Rater, die Gegenstände ausgetauscht und neu gemischt werden. Hier merkt sich auch jeweils nur ein Spieler die Gegenstände.

Raumkim

Ein Mitspieler schaut sich genau im Zimmer um und verläßt dann den Raum. Im Raum wird etwas verändert.

Zum Beispiel: Ein Bild wird von der Wand genommen.
Die Stühle werden verrückt.
Der Teppich wird vom Boden genommen.
Auf den Tisch wird ein Gegenstand gelegt.
Ein Spieler setzt sich woanders hin.
Der Klavierdeckel wird hochgeschlagen.
Alle Personen vertauschen die Plätze.

Es gibt viele weitere Möglichkeiten.
Der Mitspieler wird ins Zimmer geholt und muß nun raten, was sich verändert hat.

Geschmackskim

Auf Tellern sind verschiedene Lebensmittel vorbereitet.
Wichtig ist, daß die Stückchen der einzelnen Lebensmittel die gleiche Größe haben, damit der Spieler sie nicht an der Größe erkennt.
Ein Spieler verläßt das Zimmer und bekommt draußen die Augen verbunden (prüfen!). Dann wird er hereingeführt.
Vom Spielführer bekommt er mit einem Löffel von einem Teller etwas gereicht und muß raten, was es ist. Rät er es nicht, oder falsch, so muß er mit einem anderen Lebensmittel noch einmal raten.

Folgende Lebensmittel sind gut geeignet: Apfel
Birne
Zwiebel
Käse
Wurst
Pudding
Quarkspeise
Kartoffelbrei
geriebener Apfel

Die Lebensmittel sollten von der Konsistenz her zusammenpassen.

Den Geschmackskim kann man
auch mit Getränken durchführen, wie: Tee
Kaffee
Wasser
Wein
Obstsaft
Essig.

Geruchskim
Der Geruchskim wird ähnlich wie Geschmackskim durchgeführt.

Hierfür wird an Flaschen gerochen,
die zum Beispiel gefüllt sind mit:
Essig
Parfum
Saft
Wein
Benzin
Salmiak
Sirup
Bier.

Der Geruchskim eignet sich für ältere Kinder.

An Gewürzen und Tees riechen ist ebenfalls nur für ältere Kinder, Erwachsene oder Eltern/Kindergruppen geeignet.

Gehörkim
Die für den Gehörkim in Frage kommenden Gegenstände werden auf den Tisch oder Fußboden gelegt. Will man jedoch Gegenstände des Raumes, wie Tisch, Schrank, Anrichte, Tür usw. mit einbeziehen, so nennt der Spielführer diese. Bei kleineren Kindern kann er im Raum herumgehen und die Gegenstände zeigen.

Alle Teilnehmer haben genügend Zeit, sich das Geräusch oder den Klang des jeweiligen Gegenstandes vorzustellen. Ein Teilnehmer geht vor die Tür. Er bekommt die Augen verbunden und wird hereingeführt.

Im Raum muß es *ganz still* sein.
Nun wird der Gegenstand durch Anschlagen zu Gehör gebracht. Kann der Teilnehmer nicht gleich raten, so kann er darum bitten, daß der Gegenstand noch einmal angeschlagen wird.
Bei diesem Kimspiel ist es wichtig, daß einige Gegenstände mehr zu Verfügung stehen, als Teilnehmer vorhanden sind, denn jeder Rater soll einen anderen Gegenstand hören.

Der Spielführer kann sich eventuell die Gegenstände aufschreiben.

Erinnerungskim
Der Spielführer zeichnet auf einen nicht zu kleinen Bogen eine Skizze. Bei kleineren Kindern zeichnet man einfache Figuren wie zum Beispiel Strichmännlein, Sterne, Kreise, Häuser oder Autos. Alle Mitspieler bekommen nun Papier und Bleistift.

Die Skizze wird circa 30 Sekunden gezeigt und alle sehen sie sich ganz genau an.

Dann muß aus dem Gedächtnis nachgezeichnet werden. Nach einer gewissen Zeit (circa 5 Minuten oder länger) wird die Zeichnung beendet und mit der vorgefertigten Skizze verglichen. Wer ihr am nächsten kommt, ist Gewinner.

Personenkim
Alle Teilnehmer bekommen ein Blatt Papier und einen Stift. Ein Teilnehmer spielt nicht mit.

Er stellt sich so, daß alle ihn gut 30 Sekunden betrachten können. Dann geht er hinaus.

Innerhalb von circa 3 – 5 Minuten schreiben nun die Teilnehmer auf, welche Merkmale der Betrachtete hat,
wie zum Beispiel: Haarfarbe
Augenfarbe
Farbe und Form der Bekleidung
Schuhe
eventuell Brille
besondere Merkmale.
Wer den Betrachteten am besten beschrieben hat, hat gewonnen. Dann läßt sich ein weiterer Spielteilnehmer betrachten und das Spiel beginnt neu.

Würfelkim
Die Teilnehmer warten vor der Tür des Zimmers.
Es werden zwölf Würfel benötigt.
Der Spielleiter legt die Würfel jeweils zu Paaren mit verschiedener Augenanzahl in nicht zu kleinen Abständen verteilt auf den Tisch.

Die Teilnehmer setzen sich um den Tisch und haben nun eine Minute (maximal) Zeit, sich die Augenzahl der jeweiligen Würfelpaare zu merken.

Dann wird ein Tuch über den Tisch gedeckt.
Auf einem kleinen Zettel kann sich nun jeder Teilnehmer die von ihm gemerkten Zahlen notieren.

Sind alle fertig, wird verglichen. Derjenige, der die meisten Würfelpaare richtig geraten hat, ist Sieger.

Veränderung des Spiels:
Es wird mit sechzehn oder sogar zwanzig Würfeln gespielt. Die Würfel werden nicht zu Paaren, sondern zu Dreier- oder Vierergruppen aufgelegt.

Die Küche raten
Voraussetzung für das Spiel ist, daß die Teilnehmer die Küche kennen.

Deshalb eignet es sich vorzüglich als Familienspiel.

Die Teilnehmer sitzen alle am Tisch und haben Papier und Bleistift vor sich.

Bei Signal schreiben nun alle möglichst schnell alle Gegenstände auf, die sie in der Küche kennen.

Nach einer Stoppzeit wird das Aufschreiben beendet. Nun beginnt der erste Teilnehmer seine Liste vorzulesen und alle streichen die Gegenstände aus, die genannt sind. Ist die Liste des Vorlesenden beendet, kommt der Nächste an die Reihe, falls er noch ungenannte Gegenstände aufgeschrieben hat.

Wer die meisten Gegenstände auf dem Papier stehen hat, ist Sieger.

Bestehen Zweifel daran, ob dieser oder jener Gegenstand in der Küche zu finden ist, so muß derjenige, der ihn genannt hat, den Gegenstand in der Küche zeigen. Hat er sich geirrt, so muß er einen Punkt von seiner Nennsumme abziehen.

Abwandlung:
In der Art der Kimspiele läßt sich das Küchenspiel abwandeln und zwar:

Alle Teilnehmer gehen in die Küche, schauen sich darin genauestens um und dürfen dabei auch Schubladen und Schränke öffnen.

Nach einer gewissen Zeit gehen sie auf ihren Platz im Zimmer an den Tisch und schreiben, bei Signal beginnend, alle Gegenstände auf, an die sie sich erinnern können. Der weitere Verlauf ist der gleiche, wie beim ersten Spiel.

Änderung:
So, wie man Küche raten kann, kann man auch Wohnzimmer oder Kinderzimmer raten.

Wichtig dabei ist immer, daß die Räume genügend bekannt sind.

Wer war das?
Alle Teilnehmer sitzen im Kreis.
Vor dem Spielleiter kniet ein Kind und hat seinen Kopf in den Schoß gelegt.

Nun wird ein Kind herangewinkt, welches dem anderen einen kleinen Klaps auf den Po gibt, es stupst, oder auf andere Weise anfaßt.
Nun muß das Kind raten, wer es war.

Ist dies erraten, so ist das herbeigewinkte Kind an der Reihe, sonst muß das erste Kind noch einmal raten.

„Ich sehe etwas, was Du nicht siehst!"
Alle Teilnehmer sitzen im Kreis.
Das Spiel wird in der Runde gespielt.

Ein Kind beginnt: „Ich sehe etwas, was Du nicht siehst und das ist... (eine Farbe angeben).

Das danebensitzende Kind rät nun den Gegenstand, der die vom Fragenden gedachte Farbe hat. Dreimal darf es raten. Rät es den Gegenstand nicht, so versucht sich das nächste Kind.

Das Kind, welches den Gegenstand rät, darf der nächste Frager sein und das neben ihm sitzende gibt als erstes die Antwort.

Alles, was sich im Raum befindet und dazu die Kleidungsstücke der Kinder, können als Rategegenstand benutzt werden. Allerdings sollten sie alle gut sichtbar sein.

„Wer ist unter der Decke?"
Alle Teilnehmer sitzen im Kreis.
Ein Kind verläßt das Zimmer.

Ein Kind hockt sich nun in der Mitte des Kreises hin und wird mit einer Decke zugedeckt.

Nun wird das Kind hereingeholt, kann sowohl durch Ertasten, als auch durch Umschau halten, erraten, wer unter der Decke ist.

Abwandlung:
Der Stuhl des Kindes, welches unter der Decke steckt, wird weggenommen.
Die anderen Kinder tauschen ihre Plätze aus.

Alle Kinder, bis auf den Spielleiter, stellen sich so, daß sie von dem Kind, welches rät, nicht gesehen werden können.

Silhouetten raten
Eine Leinwand wird so in einen Türrahmen gespannt, daß sie ihn ganz ausfüllt.

Circa einen Meter hinter der Leinwand stellt man eine Lampe auf, deren Schein auf die Leinwand fällt.

Die Spieler, es sollten mindestens sechs sein, werden in zwei Gruppen aufgeteilt.

Eine Gruppe begibt sich vor, die andere hinter die Leinwand.

Der erste Spieler hinter der Leinwand stellt sich im Profil dicht an das Tuch heran.
Dann erst wird das Licht der auf den Spieler gerichteten Lampe angezündet.

Die Spieler der Gruppe vor der Leinwand raten nun, wer hinter der Leinwand steht.

Nun kann ein anderer Spieler geraten werden.
Gruppentausch.

Erschwernis:
Das Licht wird nur circa 30 Sekunden angezündet. Danach muß geraten werden.

Abwandlung:
Vor die Leinwand wird noch eine Decke gespannt, so daß nur Kopf und Hals der Schattenfigur zu sehen sind.

Schatten raten
Eine Leinwand wird in ein Kasperletheater oder in den Türrahmen gespannt. Beim Türrahmen werden noch zwei Stühle aufgestellt, über deren Lehnen man einen Besen legt und eine Decke darüberhängt. So entsteht eine ähnliche Fläche wie beim Kasperletheater.

Die Zuschauer, die raten sollen was sie sehen, sitzen circa zwei Meter entfernt vor der Schattenwand.
Zwei Spieler haben die verschiedensten
Gegenstände hergerichtet: Regenschirm
Küchensieb
Musikinstrument
Hut
Handtasche

Brille
Kleiderbügel
Kerze
Puppe
Teddy.

Es lassen sich sicher noch weitere Gegenstände finden. Jeweils ein Gegenstand wird ganz nahe an das Tuch gehalten und das Licht wird jeweils *neu* angeknipst.

Nun sollen die Teilnehmer die Gegenstände erraten.

Erschwernis:
Das Licht wird nur etwa 10 Sekunden für einen Gegenstand angezündet.

Abwandlung:
Alle Mitspieler haben Bleistift und Papier zur Hand. Die Gegenstände werden kurz gezeigt, einer nach dem anderen.

Dann sollen die Mitspieler aufschreiben, welche Gegenstände sie behalten haben.

Wer die meisten benennen kann, ist Sieger.

Anmerkung:
Es ist zweckmäßig, die Gegenstände nacheinander bereitzulegen, damit auch wirklich alle gezeigt werden.

Buchstaben darstellen

Vorbereitung:
Die Buchstaben des ABC werden jeweils einer auf Zettel geschrieben, die man zusammenfaltet und mischt. Jeder Teilnehmer zieht einen Zettel.

Einer beginnt.

Durch Gestik und Mimik stellt er seinen Buchstaben dar. Er kann versuchen, ihn direkt als lateinischen Großbuchstaben, wie zum Beispiel A mit gegrätschten Beinen und erhobenen Armen, bei geschlossenen Händen, darzustellen oder einen Gegenstand, bzw. ein Tier darzustellen, dessen Name mit dem Buchstaben beginnt.

Beispiele: Pinguin
Hase
Elefant
oder Schere
Stock.

Namen-Bilderrätsel

Achtung: Dieses Spiel ist nur für größere Kinder geeignet!

Die Kinder sitzen im Kreis und jedes bekommt ein Blatt Papier und einen Bleistift.

Jedes Kind soll so weit vom anderen entfernt sitzen, daß es ihm nicht auf das Papier schauen kann.

Nun wird die Aufgabe gestellt:

Malt nebeneinander für jeden Buchstaben des eigenen Namens ein Bild und zwar soll der Buchstabe auch der Anfangsbuchstabe des Bildes sein. Es ist gut, wenn ein Beispiel gegeben wird von einem Namen, den keines der Kinder hat.

Danach werden die Zettel zusammengefaltet und gemischt. Jedes Kind zieht einen Zettel. Hat es seinen eigenen erwischt, muß es einen anderen ziehen.

Nun schreibt jeder unter die Bilder die Buchstaben und gibt den Zettel an den Namensträger zurück.

U T E

Abwandlung:

1. Jeder nimmt einen Namen, der in der Kinderrunde nicht vorkommt und malt ihn. In eine Ecke schreibt er seinen Namen, damit der geratene Zettel zur Kontrolle wieder an ihn zurückgegeben werden kann.

2. Der Gastgeber malt, bevor die Kinder kommen, deren Namen auf je ein Blatt und faltet diese zusammen. Jedes der ankommenden Kinder nimmt sich dann eins der vorbereiteten Blätter *oder* der Gastgeber legt für jeden Gast ein vorbereitetes Blatt auf dessen Gedeck.

Wer verreist?
Alle Mitspieler sitzen im Kreis.

Ein Mitspieler verläßt den Raum oder, wenn im Freien gespielt wird, geht er außer Hörweite.

Die Kinder sprechen sich ab, für wen der Koffer gepackt werden soll und welche Gegenstände eingepackt werden.

Dann rufen sie das ratende Kind herbei.

Es beginnt zu fragen, was in den Koffer gepackt wird.

Erst wenn es alle Kinder befragt hat, soll es sagen, wer verreist.

Erschwernis:
Die Mitspieler zeigen stumm durch Gestik und Mimik den Gegenstand. Da muß erst geraten werden, was es ist. Ansonsten verläuft das Spiel wie oben.

Bei dieser Form können auch zwei Kinder zusammen raten und sich absprechen.

Teekessel
Bei diesem Spiel muß ein Wort geraten werden, was zwei Bedeutungen hat.

Zum Beispiel: Schloß
Steuer
Futter
Kiefer
Pflaster
Stock
Golf
Strauß.

Ein Spieler verläßt den Raum oder begibt sich außer Hörweite. Die anderen setzen sich im Kreis.

Sie beraten ein Wort und müssen es nacheinander so lange um- und beschreiben, bis es geraten ist.

Der ratende Spieler wird herbeigerufen.

Ein Teilnehmer beginnt zu sprechen: „Mein Teekessel ist oder hat..." Der nächste Teilnehmer umschreibt die zweite Bedeutung, der folgende wieder die erste auf andere Weise und so fort, bis sich der ratende Spieler einschaltet: „Dann heißt mein Teekessel..."

Was tun wir?

Alle Teilnehmer, bis auf den Rater, sitzen oder stehen im Kreis. Der Ratende darf die Teilnehmer nicht sehen können!

Die Gruppe spricht nun eine Tätigkeit ab, die sie, jeder auf seine Weise, darstellt.

Zum Beispiel: Schuhe putzen
einen Brief schreiben
faulenzen
singen
musizieren
als Orchester musizieren,
jeder auf einem anderen Instrument
umgraben
Auto fahren
Motorrad fahren.

Der Ratende wird herbeigeholt und die Teilnehmer stellen die Tätigkeit dar und zwar so lange, bis sie geraten ist.

Erschwernis:

Der Ratende hat nur eine gewisse Zeit zur Verfügung, um die Tätigkeit zu erraten. Hat er nicht geraten, so muß er ein Pfand geben.

Die Pfänder werden nach Ende des Spieles ausgelöst.

Denkmal raten

Achtung: Dieses Spiel ist nur für größere Kinder geeignet.

Die Spielgruppe teilt sich in zwei oder drei Kleingruppen auf und begibt sich in andere Räume, oder im Garten auf solche Plätze, die von den anderen nicht eingesehen werden können. Nun überlegt jede Gruppe, was für ein Denkmal sie darstellen möchte.

Dies erprobt sie.

Sind alle Gruppen mit der Probe fertig, so führen sie nacheinander ihr Denkmal vor. Die anderen Gruppen müssen es erraten.

Denkmäler: Brunnengruppe
Fastnachtsbrunnen
Arbeiterdenkmal
Olympiade
Reiter und Pferd.

Ist die Spielgruppe klein, so kann sich jeder ein Einzeldenkmal ausdenken und darstellen: Diskuswerfer
Liegende
usw.

Wo bin ich?
Alle Teilnehmer sitzen im Kreis.
Einer geht hinaus.

Die anderen überlegen, wo der Ratende sich befinden soll. Dann wird er hereingebeten und fängt ein beliebiges Kind an zu fragen. Er darf an jedes Kind nur eine Frage stellen und alle müssen aufpassen, daß sie jeweils eine andere Antwort geben.

Das geht so lange, bis er geraten hat, wo er ist.

Beispiel:
Die Teilnehmer hatten vereinbart, daß er sich im Selbstbedienungsladen befindet.
Er beginnt vielleicht zu fragen: „Stehe ich oder laufe ich?"
Antwort, vielleicht: „Du läufst langsam und siehst dich um."
Er fragt: „Kann ich viele Dinge sehen oder nur einzelne?"
Antwort: „Du kannst viele Dinge sehen."
Er fragt: „Sind sie groß oder klein?"
Antwort: „Auch klein und verschieden bis mittelgroß."
Frage: „Sind es viele oder wenige?"
Antwort: „Viele."
Frage: „Sind sie verschieden und bunt?"
Antwort: „Ja."
Frage: „Kann ich sie anfassen?"
Antwort: „Ja."
Frage: „Nehme ich sie auch?"
Antwort: „Zum Teil."
Frage: „Kann ich sie brauchen?"
Antwort: „Zum Teil."
Frage: „Behalte ich sie?"
Antwort: „Ja."
Frage: „Gebe ich sie in einen Korb?"
Antwort: „Ja."
Frage: „Muß ich sie bezahlen?"
Antwort: „Ja."
Frage: „Nehme ich sie mit nach Hause?"
Antwort: „Ja."
Dann der Frager: „Dann befinde ich mich im Supermarkt."

Weitere Möglichkeiten: Zoo
Bahnhof
Flugzeug
Schule

Spielplatz
Stadt
Wald
Haus
Küche
Schiff.

Was ist im Sack?

Vorbereitung:

In eine Schachtel werden verschiedene, ziemlich gleich große
Dinge gelegt: Ein Püppchen,
ein kleiner Teddy,
eine Taschenlampe,
eine Tasse,
ein Taschentuch,
ein Bleistiftspitzer,
ein kleines Auto,
eine Garnrolle
und andere Dinge.

Ein Säckchen von circa 20 cm Länge und 12 cm Breite wird genäht.

Alle Kinder sitzen im Kreis.

Ein Kind ist der Spielführer. Es hat das leere Säckchen in der Hand. Damit begibt es sich in ein anderes Zimmer, in dem die Schachtel steht. Eines der Dinge verbirgt es im Säckchen und bindet es zu.

Ins Zimmer zurückgekommen, gibt es das Säckchen dem ersten Kind in die Hand. Dabei zählen alle anderen von 1 – 20. Dann muß das Kind den Gegenstand durch Ertasten geraten haben. Ist dies nicht der Fall, so kommt das nächste Kind an die Reihe.

Abwandlung:
Es sind für die Kinder verschiedene kleine Geschenke vorbereitet worden, die sie nach dem Erraten behalten dürfen.

Abwandlung:
Die Kinder dürfen mit einer Hand in das offene Säckchen hineingreifen und den Gegenstand abtasten. Dabei kann nach Zeit oder nicht nach Zeit gespielt werden.

Begriffe raten
Nachfolgende Rätselspiele lassen sich auf verschiedene Weise durchführen:

Alle Teilnehmer sitzen im Kreis. Der Spielführer sagt den jeweiligen Begriff. Wer zuerst die Lösung hat, bekommt einen Punkt, wie zum Beispiel ein Stöckchen, ein Stück Papier usw. Wer die meisten Punkte hat ist Sieger.

Alle Teilnehmer sitzen um einen Tisch und haben Papier und Stift zur Hand. Die Begriffe sind numeriert. Sie beginnen zu schreiben Nummer eins. Dann nennt der Spielleiter den Begriff. Sie schreiben zur Nummer nur die Antwort. Nach einer Weile nennt der Spielleiter den zweiten Begriff usw. Dabei kann auch als Erschwernis mit der Zeituhr gespielt werden. Haben alle Teilnehmer die Nummer des Begriffes jeweils aufgeschrieben, sagt ihn der Spielführer und stoppt dann nach einer gewissen Zeit, die immer die gleiche sein sollte, ab. Wer dann den Begriff noch nicht hat, spielt beim nächsten weiter oder – ganz schwer – er muß ausscheiden.

Abwandlung:
Es werden nur wenige Begriffe genannt.

Alle Teilnehmer stehen auf einem Bein, wenn der Begriff genannt wird. Wer ihn rät und ausruft, darf sich auf beide Beine stellen. Hier *muß* nach Zeit gespielt werden.

Beim nächsten Begriff wird gehockt, dann gekniet, dann hingesetzt mit angehockten Beinen, dann ein Bein ausgestreckt, es folgt das andere. Schließlich liegt der Sieger. An der Stellung können nun die nächsten Gewinner ermittelt werden.

Was gehört dazu?

Polizist	Pfeife
Verkäufer	Waage
Schneider	Nadel
Mutter	Kind und Vater
Schreiner	Hobel
Lehrer	Schüler
Zimmermann	Säge und Beil
Gärtner	Spaten oder Rechen
Bauer	Kuh oder Schwein oder Hühner usw.
Lehrer	Schule
Koch	Kochlöffel oder Kochtopf oder Pfanne

Maurer	Baustein oder Kelle
Fahrer	Lenkrad
Briefträger	Briefe oder Post
Vater	Arbeit oder Mutter oder Kinder
Richter	Dieb oder Gericht
Arzt	Patient oder Krankenhaus
Himmel	Sterne oder Mond oder Sonne oder Wolken
Regen	Wolken oder Tropfen
Bahnhof	Zug oder Reisender
Küche	Essen oder Geschirr
Spielplatz	Kinder oder Schaukel oder Rutsche oder Sandkasten
Bäume	Blätter oder Blüten oder Früchte

Was klingt ähnlich?

Stopfnadel	Nähnadel
Trinkbecher	Eierbecher
Wohnzimmer	Schlafzimmer
Kochlöffel	Eßlöffel
Kuchengabel	Heugabel
Lastwagen	Personenwagen
Puppenwagen	Kinderwagen
Kokosnuß	Haselnuß
Hochhaus	Wohnhaus

Welche Farbe gehört dazu?

Kaminkehrer	schwarz
Bäckermeister	weiß
Eßlöffel	silbern
Ring	golden
Erdbeere	rot
Apfelsine	orange
Zitrone	gelb
Spinat	grün
Tomate	rot
Heidelbeere	blau
Rettich	weißlich
Radieschen	rot
Kornblume	blau
Löwenzahn	gelb

Flieder	violett
Kastanie	braun
Wald	grün
Wiese	bunt
Himmel	blau
Sonne	golden
Mond	silbern
Wolke	grau

Was gehört zusammen?

Mann	Frau
Herr	Dame
Junge	Mädchen
Onkel	Tante
Oma	Opa
Vater	Mutter
Geige	Bogen
Trommel	Schlegel
Tisch	Stuhl
Topf	Deckel
Tasse	Untertasse oder Teller
Messer	Gabel und Löffel
Tag	Nacht
Licht	Dunkelheit
Morgen	Abend oder Mittag
Hahn	Huhn
Hammer	Zange oder Nagel
Brief	Umschlag
Papier	Bleistift oder Kuli oder Füller
Kirche	Pfarrer
Förster	Wald
Schule	Lehrer oder Schüler
Schiff	Matrose

Gegensätzliches?

laut	leise
ruhig	unruhig
schlafen	wachen
schön	häßlich

einfarbig	bunt
glatt	rauh
lang	kurz
trocken	naß
lustig	traurig
spitz	stumpf
einfarbig	bunt oder gemustert
dünn	dick
alt	neu oder jung
hungrig	satt
warm	kalt
gut	schlecht oder böse
roh	gekocht

Sprachensalat – Wer rät die Geschichte?

Dieses Spiel ist nur für größere Kinder möglich.

Ein Kind erzählt eine Kurzgeschichte, die die anderen raten sollen.

Aber: Das Kind spricht nicht in normaler Sprache. Es redet irgendeinen Kauderwelsch, bringt allerdings ein paar deutsche Brocken dazwischen und vielleicht auch etwas von der Sprache, die es in der Schule lernt.

Die Geschichte soll höchstens zehn Sätze haben und darf von Gestik und Mimik begleitet sein. Sie helfen die Geschichte zu verstehen.

Ein Kurzbeispiel:
Gestern bin ich Rad gefahren. Da kam ein großer Hund, sprang und bellte mich an. Ich fuhr immer schneller. Leider lief der Hund weiter hinter mir her und das so lange, bis endlich der Hundebesitzer aufmerksam wurde und ihn zurückpfiff. Nun dafür eine Sprachensalatmöglichkeit:

Yersterday iaouch binna geflahrtennen (treten mimen). Wau, wau, wau kamakamakama Hu (groß zeigen) hop, hop and wau mi. Eco vite, vite (fahren mimen und zurückschauen mimen) wau, wau, wau, rennerennerenne solong, ah, Gott sei Dank, his man (schauen mimen) aha, aha, aha, (Pfiffe machen und mimen, wie froh man ist, daß der Hund zurückgepfiffen wurde).

Scharaden

Bei Scharaden werden entweder Redensarten oder zusammengesetzte Wörter dargestellt.

Sie eignen sich für größere Kinder.

Heiteres Beispiel einer Redensart: *Die letzte Frist*

Einige Kinder bilden eine Schlange. Das letzte Kind muß ein Mädchen sein. Es hat in der Hand etwas, zum Beispiel ein Brötchen, was es gierig verzehrt. Die Schlange sollte sich im Raum fortbewegen.

Redensarten:

Es sich nicht hinter den Spiegel stecken.
Jemandem die Würmer aus der Nase ziehen.
Die Geduld verlieren.
Mit der Tür ins Haus fallen.
Sich am liebsten verkriechen wollen.
Die Ellenbogen gebrauchen.
Die Nacht zum Tag machen.
Alles in einen Topf werfen.
Jemanden auf den Arm nehmen.
Das braucht man sich nicht gefallen zu lassen.
Etwas auf die leichte Schulter nehmen.
Den Tag nicht vor dem Abend loben.
Den Faden verlieren.
Ein Auge zudrücken.
Sich nur auf sich selbst verlassen.
Jemandem etwas abknöpfen.
Sich nach der Decke strecken.
Jemanden einwickeln.
Jemanden sticht der Hafer.

Beispiel für ein zusammengesetztes Wort:
Bei zusammengesetzten Wörtern spielen jeweils nur zwei Kinder. Eines veranschaulicht das erste und das andere das zweite Wort und zwar so lange, bis es geraten ist.

Vogelschau
Ein Kind fliegt als Vogel durch den Raum. Das andere Kind mimt Ausschau halten.

Zusammengesetzte Wörter:

Spiegelbild
Lampenschirm
Hosenträger
Hasenfuß
Schornsteinfeger
Dickschädel

Rattenschwanz
Gaumenkitzel
Ochsenkarren
Jagdflinte
Blindgänger
Wasserlauf
Denkzettel
Bleistiftspitzer.

Erschwernis:
Eine weitere Form der Scharade ist „Sprichwörter raten". Dieses Spiel ist nur sinnvoll, wenn größere Kinder und Erwachsene mitspielen.

Einige Sprichwörter: Der Krug geht so lange zum Brunnen, bis er bricht.
Man soll den Tag nicht vor dem Abend loben.
Wes Brot ich ess, des Lied ich sing.
Es kann der Beste nicht in Frieden leben, wenn es dem bösen Nachbarn nicht gefällt.
Morgenstund hat Gold im Mund.

Wer ist der Sänger?
Die Kinder sitzen im Kreis. Ein Kind bekommt die Augen verbunden. Es darf sich ein Lied wünschen, was alle können. Ein Kind beginnt nun zu singen. Dies kann auch mit verstellter Stimme sein. Rät das Kind das Lied, so muß nun der Sänger raten. Dabei kann wieder das gleiche Lied benutzt werden oder auf Wunsch wird ein neues Lied angestimmt.

Der Hahn sucht die Hühner
Ein Kind ist der Hahn. Es stellt sich in eine Ecke und bekommt die Augen verbunden.

Vorspiel: Alle Kinder stellen sich eng beim „Hahn" auf. Jedes fragt nacheinander: „Wie viele Schritte soll ich machen?" Der „Hahn" bestimmt jeweils die Schritte.
Stehen alle Kinder von ihm entfernt, kann das Spiel beginnen.

Die Hühner gackern. Der Hahn geht auf sie zu, stellt sich vor ein gackerndes Huhn und rät nun, wer sich dahinter verbirgt. Kann er nicht raten, geht er weiter.
Das Huhn, das erraten wird, setzt sich an den Rand des Raumes.
Das Spiel geht so lange, bis alle Hühner geraten sind.

Das Flüsterspiel
Alle Mitspieler sitzen im Kreis. Ein Mitspieler steht mit verbundenen Augen in der Kreismitte. Er wird ein paarmal um die eigene Achse gedreht, damit er die Orientierung verliert.

Steht er wieder ruhig, weist er mit dem ausgestreckten Zeigefinger in eine ganz bestimmte Richtung. Daraufhin muß der dort sitzende Mitspieler einen kurzen Satz flüstern. Wenn der „Blinde" erraten kann, wer gesprochen hat, nennt er den Namen. Stimmt es, muß dieser Spieler in die Mitte des Kreises. Wenn der „Blinde" jedoch nicht richtig geraten hat, muß er weiter spielen, bis er die richtige Lösung findet.

Lieder erraten
Dieses Spiel ist recht einfach, muß jedoch auf das Alter der Kinder, die es spielen wollen, abgestimmt sein. Die Lieder, die zu erraten sind, müssen den Kindern bekannt sein, um den Spielerfolg zu sichern.

Der Spielleiter klopft den Takt eines bekannten Liedes auf den Tisch. Wer zuerst errät, um welches Lied es sich handelt, wird Sieger.

Beispiele:

Der Kuckuck und der Esel ...

Fuchs du hast die Gans gestohlen...

Alle meine Entchen...

Wer will fleißige Handwerker sehn...

Kuckuck, Kuckuck, ruft's aus dem Wald...

Tra, ri, ra, der Sommer, der ist da...

Schlaf, Kindchen, schlaf...

Schneeflöckchen, Weißröckchen...

Oh, Tannenbaum...

Jan hat einen Bauernhof...

Wo tickt die Uhr?
Dabei können beliebig viele Kinder mitspielen. Es werden ein Tuch und ein Wecker benötigt.

Die Kinder sitzen im Kreis.

Einem Kind werden die Augen verbunden. In der Zwischenzeit verstecken die übrigen Kinder den Wecker im Zimmer.

Jetzt muß es mucksmäuschenstill sein, denn das „blinde“ Kind muß den Wecker nach Gehör suchen und finden.

Sucht ein Kind länger als 2 – 3 Minuten, wird die Suche abgebrochen, und das Kind gibt ein Pfand. Danach beginnt das Spiel neu.

Scherzfragen

Welcher Mann hat vor der Sonne Angst?
(Schneemann)

Welcher Stein raucht?
(Schornstein)

Welche Zahl wird größer wenn man sie umdreht?
(Die Sechs, denn aus ihr wird die Neun)

Welches Haus ist ohne Fenster?
(Schneckenhaus)

In welchem Bus kann man nicht fahren?
(Globus)

Was setzt der Bauer zuerst in den Stall?
(Seinen Fuß)

Welchen Garten kann man nicht gießen?
(Kindergarten)

Was ist der Unterschied zwischen einem Elefanten und einem Floh?
(Ein Elefant kann Flöhe haben, aber ein Floh keine Elefanten)

Weshalb summen die Bienen?
(Weil sie den Text vergessen haben)

Welcher Schuh paßt nicht auf den Fuß?
(Handschuh)

Drei Ameisen gehen spazieren. Sagt die linke Ameise: „Neben mir gehen zwei Ameisen." Sagt die rechte Ameise: „Neben mir gehen ebenfalls zwei Ameisen." Sagt die Ameise in der Mitte: „Neben mir gehen vier Ameisen."
Wie ist das möglich?
(Sie ist betrunken und sieht doppelt)

Zeigt einer mit der Hand circa einen Meter und fragt: „Was ist das?"
(Er zeigt die Hälfte an und sagt: „Das Dopppelte von dem")

Welcher Vogel hat keine Federn?
(Spaßvogel)

Welche Gabe ist kein Geschenk?
(Hausaufgabe)

Welcher Mops kann nicht bellen?
(Rollmops)

Warum kann der Hund nicht auf den Mund fallen?
(Weil er eine Schnauze hat)

Warum haben Glatzköpfe keinen Streit?
(Weil sie sich nicht in die Haare kriegen können)

Was passiert einem Engel, wenn er in die Jauchegrube fällt?
(Er bekommt Kotflügel)

An welchen Nägeln kann nichts aufgehängt werden?
(An den Fingernägeln)

Für welchen Schlüssel gibt es kein Schloß?
(Für den Notenschlüssel)

Welchen Ring kann man nicht am Finger tragen?
(Hering)

Welche Schlange kann sich bilden und wieder auflösen?
(Autoschlange)

Welche Stiche werden nicht genäht?
(Mückenstiche)

Bei welchen Ständen kann man nichts kaufen?
(Zuständen)

Welche Streifen ergeben kein Muster?
(Polizeistreifen)

Was brennt länger, eine weiße Kerze oder eine rote?
(Beide brennen gleichlang)

Welcher Kater tut mir weh?
(Muskelkater)

Was wird nicht weich beim Kochen?
(Ei)

Bei welchem Fall fällt man nicht hin?
(Einfall)

Wo sind Löcher drin, die nicht gebohrt werden?
(Käse)

Welcher Weg ist nicht begehbar?
(Wasserweg)

Welche Krone kann der König nicht tragen?
(Schaumkrone)

Auf welche Leine kann man keine Wäsche hängen?
(Hundeleine)

Bei welcher Führung geht es drunter und drüber?
(Unterführung)

Wie gelangt eine Katze am besten ins Haus?
(Durch die Tür)

Auf welchem Ball kann man nicht tanzen?
(Fußball)

Wie kamen die Tiere in die Arche Noah?
(Zu Fuß)

Kannst du in fünf Sekunden fünf Vögel nennen?
(Drei Meisen und zwei Amseln)

Geschicklichkeitsspiele

Spiele für mehrere Personen.

Luftballons zertreten
Jeder Teilnehmer bekommt mit einer 50 cm langen Schnur einen Luftballon ans linke Bein gebunden. Alle stellen sich im Raum auf.

Auf Kommando versucht jeder jedem auf den Luftballon zu treten, damit er platzt.

Die Hände sind dabei auf dem Rücken gefaltet.

Wer zuletzt noch seinen Luftballon unzertreten hat, ist der Sieger.

Abwandlung:
Jeder bekommt hinter den Fersen zwei Luftballons und zwar *längliche* Ballons angebunden.

Abwandlung:
Es wird mit Musik gespielt.

Solange die Musik spielt, können Ballons zertreten werden, auch von denen, deren Ballons bereits kaputt sind.

Sieger sind diejenigen, die am Ende der Musik noch Ballons haben.

Abwandlung:
Es wird jeweils zu Paaren gespielt, aber dann nur mit einem Ballon pro Person.

Der Partner, der den Ballon zertreten hat, scheidet aus und es werden jeweils neue Paare gebildet, bis es nur noch einen Sieger gibt.

Bei diesem Spiel muß es einen aufmerksamen Spielführer geben, der schnell wieder neue Paare zusammenstellt.

Welche Farbe hast du?
Vorbereitung:
Auf circa 10 cm große, weiße Blätter werden mit Filz- oder anderen Buntstiften die verschiedensten Farben gemalt. Sie werden in einer Schachtel zusammen mit Sicherheitsnadeln bereitgelegt.

Alle Teilnehmer sitzen im Kreis.

Ein Spielführer wird gewählt.

Es melden sich zwei Spieler.

Sie gehen einzeln aus dem Zimmer, zusammen mit dem Spielführer und wählen sich ein farbiges Papier aus der Schachtel, welches der Spielführer ihnen auf dem Rücken etwas unterhalb der Schulterblätter mit der Sicherheitsnadel befestigt.

Sie kennen die Farbe des anderen Spielers nicht.

Dann stellen sie sich circa 50 cm voneinander getrennt auf, mit dem Gesicht zueinandergewandt und mit auf dem Rücken gefalteten Händen.

Auf Signal versuchen sie nun das Papier mit der Farbe auf dem Rücken des Gegners zu sichten, um schnell dessen Farbe auszurufen.

Wer zuerst ruft ist Sieger.

Alle Teilnehmer spielen nacheinander. Die Sieger spielen wieder jeweils miteinander und zwar so lange, bis der Endsieger ermittelt ist.

Anmerkung:
Es sollen drei Farben mehr als Spieler sein, damit ausgeschlossen wird, daß ein Spieler die Farbe vorher erkennt. Es können von je einer Farbe mehrere, gleiche Papiere sein.

Die Spieler dürfen die Farben vorher nicht gesehen haben.

Schokolade essen
Alle Teilnehmer sitzen um einen Tisch herum.
Auf einem Teller liegt eine Tafel Schokolade, daneben Messer und Gabel und eine Stoffserviette oder ein Lätzchen. Dazu kommt ein Hut, ein Spazierstock oder Regenschirm, den man an den Arm hängen kann und eine Sonnenbrille.
Außerdem wird noch ein Würfel gebraucht.
Ein Teilnehmer wird bestimmt, den Anfang zu machen.
Er beginnt in folgender Reihenfolge zu handeln:
Er setzt die Sonnenbrille auf.
Dann setzt er den Hut auf.
Danach hängt er den Schirm an den linken Unterarm.
Nun bindet er die Serviette oder das Lätzchen um.
Er holt sich den Teller mit der Schokolade und dazu Messer und Gabel.

Jetzt kann er beginnen, das Papier mit Messer und Gabel von der Schokolade zu lösen, um sie zu essen, wenn er nicht gestört wird.

Inzwischen würfeln nämlich alle Teilnehmer der Reihe nach jeder einmal, bis einer sechs Augen hat.

Wer die Sechs gewürfelt hat, ruft „Halt".

Der „Schokoladenesser" muß aufhören mit seinem Tun, alles der Reihe nach weglegen und derjenige, der die Sechs gewürfelt hat, beginnt nun nacheinander sich anzuziehen und zu essen, bis wieder eine Sechs gewürfelt wird.

Das Spiel geht so lange, bis die Schokolade gegessen ist.

Schokolade stechen

Alle Teilnehmer sitzen um einen Tisch herum.

Jeder hat vor sich einen kleinen Teller und in der Hand eine Stecknadel mit Glaskopf.

In der Mitte des Tisches steht ein großer, flacher Teller, gefüllt mit möglichst kleinen Schokoladenstückchen.

(Borkenschokolade oder Vollmilchschokolade lassen sich gut zerkleinern, wenn man sie vorher in den Kühlschrank gelegt hat.)

Auf Signal versucht nun jeder Teilnehmer mit der Stecknadel jeweils ein Stückchen aufzuspießen und auf seinen Teller zu legen. Dabei wird die nichtgebrauchte Hand auf den Rücken gelegt.

Das Spiel ist zu Ende, wenn keine Schokolade mehr auf dem Teller in der Mitte ist.

Sieger ist der, der die meisten Stückchen auf dem Teller hat.

„Guten Appetit für alle!"

Abwandlung:

Ein Spieler beginnt, während die anderen würfeln, bis ein Teilnehmer eine Sechs gewürfelt hat. Nun darf dieser stechen und zwar so lange, bis die nächste Sechs gewürfelt wird.

Allerdings kann es hier passieren, daß einer oder mehrere Teilnehmer keine Schokolade abbekommen, weil sie keine Sechs würfeln konnten.

Abwandlung:

Statt Schokolade frische Erbsen benutzen.

Verschiedene Sprachspiele

Die Chinesen

Zehn Chinesen mit dem Kontrabaß
saßen auf der Straße und erzählten sich was.
Da kam die Polizei und fragt „Was ist denn das?"
Zehn Chinesen mit dem Kontrabaß.

Die Kinder sitzen im Kreis und sprechen den Vers einige Male, bis sie ihn gut können.

Nun wird der Vers so gesprochen, daß alle Vokale durch das A ersetzt werden.

Wer einen Fehler macht, gibt ein Pfand.
Das nächste Mal wird nur auf E, dann auf I und so weiter gesprochen.

Wichtig dabei ist, daß auch EU, Ä, Ö und Ü sowie EI nicht ausgelassen werden.

Erweiterung:

Für dieses Spiel können beliebige Verse, doch am besten Vierzeiler benutzt werden.

Jedes Kind in der Runde kann einen neuen Vers vorschlagen, der dann entweder mit dem gleichen Vokal wie der vorangehende oder mit einem anderen Vokal gesprochen wird.

Die die-da-Geschichte

Die Kinder sitzen im Kreis und besprechen, welche Geschichte sie erzählen wollen.

Ein Kind beginnt nun zu erzählen, muß aber dabei alle Hauptwörter durch „di-da" ersetzen.
Wer ein Hauptwort sagt, gibt ein Pfand.

Beispiel: Hänsel und Gretel.
Es war einmal ein di-da und eine di-da. Sie hatten zwei di-da mit die-da, die-da und die-da. Eines die-da gingen sie hinaus in den die-da. (Es war einmal ein Vater und eine Mutter. Sie hatten zwei Kinder mit Namen Hänsel und Gretel. Eines Tages gingen sie hinaus in den Wald usw.)

Abwandlung:

Statt eines Märchens können Verse verwendet werden oder die Kinder sprechen untereinander.

Die Be-Sprache
Wer die Be-Sprache in seine Geschicklichkeitsspiele einbeziehen will, sollte sie zuerst einmal alleine, zum Beispiel abends vor dem Einschlafen üben. Aber bitte nicht nur denken, sondern ganze Sätze zumindest halblaut vor sich hinsagen!

Wie bei den anderen Spielen, kann sie als Pfänderspiel im Kreise größerer Kinder eingesetzt werden.

Vor jedes Wort und jede Silbe kommt das Be.

Beispiel: I-bich kabann sibie leibeideber nibicht.
Ich kann sie leider nicht.

Hier kann ein Märchen erzählt, ein Vers aufgesagt oder untereinander gesprochen werden.

Sehr lustig ist es, wenn ein einfaches Kinderlied nun auch in der Be-Sprache gesungen wird.

Schnellsprechsätze
Man kann sie in der Kinderrunde sehr gut als kleines Pfand- oder Gewinnspiel auch einmal zwischendurch einsetzen.

Beispiele: Fischers Fritz fischt frische Fische.

Zwischen zwei Zwetschgenbäumen zwitschern zwei Spatzen.

Wenn mancher Mann wüßte, wer mancher Mann wär, gäb mancher Mann manchem Mann manchmal mehr Ehr.

Die Wiener Wascherweiber wollten weiße Wäsche waschen, wenn sie wüßten wo das weiche Wasser wäre.

Kleine Kinder können keine Kirschkerne knacken.

Der Metzger wetzt das Metzgermesser.

In Ulm, um Ulm und um Ulm herum.

Esel essen Nesseln nicht und Nesseln essen Esel nicht.

Zwei Ziegen zogen zwanzig Zentner Zucker zur Zeit zum Zug.

Hinter Hermann Hannes Haus hängen hundert Hemden raus.

Schnalle schnell die Schnallen an die Schuhe.

Der dicke Dienstmann trug die dicke Dame und den dicken Dackel durch den dicken Dreck. Da dankten die dicke Dame und der dicke Dackel dem dicken Dienstmann, daß der dicke Dienstmann die dicke Dame und den dicken Dackel durch den dicken Dreck trug.

Blaukraut bleibt Blaukraut und Brautkleid bleibt Brautkleid.

Hinterm Haus im Hasenstall, hausen Hasenmann und Hasenfrau, haben lauter Hasenkinder.

Der Kottbuser Postkutscher putzt den Kottbuser Postkutschkasten.

Die Katze tritt die Treppe krumm.

Ein Student in Stulpenstiefeln stand auf einem spitzen Stein, stand und starrte stundenlang, bis die stummen Stern' am Himmel standen.

Spiegelmalerei

Das ist ein Geschicklichkeitsspiel *ohne* Gewinner. Die Kinder sitzen nebeneinander am Tisch, haben Stift und Papier vor sich und jedes hat einen kleinen Handspiegel mitgebracht.

Auf einen großen Bogen wurde ein einfaches Bild gezeichnet. (Wichtig ist, daß es klare und scharfe Konturen hat.) Das Bild darf aber nicht gleichseitig sein. Als Motiv eignen sich: Hund, Pferd, Kirche, Auto usw.

Das Bild hängt hinter den Kindern an der Wand.

Sie versuchen es abzuzeichnen, indem sie in ihren Spiegel schauen.

Dabei sollen sie aber das Bild nicht spiegelbildlich zeichnen, sondern so, als ob sie davorstünden.

Kleinstautorennen

Vorbereitung:
An kleine, möglichst gleichgroße Autos wird eine circa 1,50 m lange, ganz dünne Schnur gebunden. An das freie Ende wird ein circa 15 cm langes und 1 cm dickes Hölzchen gebunden.

Jeweils drei oder vier Kinder spielen zusammen.

An einem Ende des Tisches stehen die Kinder, am anderen Ende stehen die Autos.

Nun bekommt jedes Kind ein Hölzchen in die Hand.

Auf Signal wickelt nun jedes Kind ganz schnell die Schnur auf, indem es mit beiden Händen das Hölzchen dreht.

Wer sein Auto zuerst über den Tisch zu seinem Hölzchen gezogen hat, ist Sieger.

Bei vielen Teilnehmern spielt man in mehreren Gruppen. Danach spielen die Gruppensieger um den Sieg, die Gruppenzweiten und Dritten jeweils um die weiteren Plätze.

Mikado angeln

Vorbereitung:
Für jeden Mitspieler wurde an einem Laternenstock eine circa 30 cm lange Schnur befestigt, an deren Ende sich ein Angelhaken (im Sportgeschäft kleine Haken kaufen) befindet.

Alle Mitspieler sitzen um einen Tisch.

Ein Mikadospiel wird, wie beim Mikado selbst, in die Mitte des Tisches geworfen.

Jeder versucht nun, mit seinem Angelhaken möglichst viele Stäbchen zu fischen. Wer die meisten Stäbe hat, ist Sieger.

Erweiterung:
Es wird nacheinander geangelt, beginnend nach demjenigen, der das Mikado geworfen hat.

Erschwernis:
Gespielt wird wie bei der Erweiterung, nur daß sich beim Hochheben eines Stabes kein anderer bewegen darf. Ist dies der Fall, geht das Spiel an den nächsten Spieler weiter.

Abwandlung:
Derjenige, der das Spiel geworfen hat, würfelt. Hat er sechs Augen, muß das Angeln an den nächsten Spieler abgegeben werden. Der Würfler muß sehr schnell würfeln, um möglichst oft die Sechs zu bekommen.

Bei dieser Abwandlung muß darauf geachtet werden, daß das Werfen des Mikado von jedem Mitspieler einmal vorgenommen wird, ebenso das Würfeln, falls es nicht in einer Hand mit dem Werfen ist.

Wörter stechen
Ein Spiel für größere Kinder.

Alle Teilnehmer sitzen um einen Tisch.

In der Mitte des Tisches liegt eine Zeitung.

Ein Kind bekommt die Augen verbunden und sticht mit einer zweizinkigen Gabel in die Zeitung.

Hat es ein Wort getroffen, so soll mit diesem Wort ein Satz gebildet werden, in dem es am Anfang oder aber auch am Ende stehen kann.

Das Kind, welches sticht, ruft vorher: „Anfang“ oder „Ende“. Wer zuerst den Satz, der auch einen Sinn haben muß, sagen kann, ist Sieger und darf anschließend stechen.

Murmeln rollen
Ein Spiel für zwei bis vier Kinder.

Halb unter der Tischkante sind je nach Anzahl der Mitspieler kleine Schüsseln aus Kunststoff aufgestellt. An der gegenüberliegenden Tischkante sitzen die Mitspieler. Jeder bekommt zehn Murmeln, besser aus Glas, als aus Ton. Diese rollt er, dabei sitzenbleibend, vorsichtig über den Tisch und zwar nur mit jeweils einem Anschubs. Die Murmel soll über die Tischkante hinaus in die Schüssel fallen.

Wer die meisten Murmeln in seiner Schüssel hat, ist der Sieger.

Erschwernis:
Es wird nach Zeit gespielt.

Gib die Streichholzschachtel weiter
Alle Mitspieler sitzen in der Runde und geben die Umhüllung der Streichholzschachtel von Nase zu Nase weiter. Wer die Streichholzschachtel fallen läßt, muß ein Pfand hergeben oder scheidet aus.

Der Tanz mit der Streichholzschachtel
Die Mitspieler spielen paarweise.

Jedes Paar hat zusammen eine Streichholzschachtelhülle. Das Paar steht sich gegenüber, Hände auf dem Rücken und hält mit der Nase die Streichholzschachtel fest. Nun wird Musik gemacht und alle Paare bewegen sich danach.

Das Paar, das seine Streichholzschachtel fallen läßt, muß ausscheiden. Das zuletzt noch tanzende Paar ist Sieger.

Wer sitzt auf der Flasche?
Die Mitspieler sitzen im großen Kreis.

In der Mitte liegt eine Weinflasche.

Das erste Kind setzt sich mit lang gestreckten Beinen auf die Flasche. Der Flaschenhals muß die Richtung der Beine haben.

Nun wird gestoppt, wie lange es auf der Flasche sitzen kann ohne sich zu rühren oder zu wackeln.

Jedes Kind kommt an die Reihe.

Wer die längste Zeit ruhig auf der Flasche saß, ist der Sieger.

Bist Du der Meister?
Für dieses Spiel muß ein Zimmer ausgeräumt werden, damit sich niemand stößt.

Alle Mitspieler, bis auf einen – den „Meister“ – bekommen die Augen verbunden.

Auf Signal heben sie die Arme nach vorn, um sich nicht weh zu tun und um besser tasten zu können.

Sie bewegen sich durch den Raum.

Der „Meister“ ruft: „Halt!“

Alle bleiben stehen und versuchen nun, den Nächststehenden zu ertasten, um herauszubekommen, ob er der „Meister“ ist. Wer meint, er habe ihn gefunden, fragt ihn: „Bist Du der Meister?“ Er bekommt die Antwort „Nein“ oder „Ja“.

Wer den „Meister" ertastet hat, darf ihn das nächste Mal spielen. Wurde er nicht ertastet, beginnt das Spiel neu.

Erweiterung:
Auch hier kann wieder nach Zeit gespielt werden.

Ich bekomme dich schon!

Dieses Spiel kann entweder in einem ausgeräumten Zimmer oder draußen gespielt werden.

Es spielen immer vier Teilnehmer.

Drei Teilnehmer fassen sich fest im kleinen Kreis an, aber nur an den Händen, damit sie genügend Bewegungsfreiheit für die Aktion haben.

Einer der drei wird als zu Fangender benannt.

Zu Spielbeginn steht der Fänger in einer Ecke.

Auf Signal versucht er nun den zu fangen, der benannt wurde. Seine Mitspieler aber ziehen ihn herum, stellen sich schnell daneben, schieben ihn in den Kreis, kurzum, versuchen ihn vor dem Fänger zu schützen.

Dies geht entweder so lange, bis der Teilnehmer gefangen bzw. berührt wurde oder nach Zeit. Ist dieser Teilnehmer nach einer gewissen Zeit nicht gefangen, wird ein anderer aus dem Kreis der zu Fangende sein.

Gibt es viele Mitspieler, kann eine neue Dreiergruppe bestimmt werden.
Dieses Spiel eignet sich ebenfalls für draußen.

Abwandlung:
Statt drei Mitspielern kann der Kreis auch zwei oder mehrere haben (dann allerdings nur draußen).

Watte pusten, anders als sonst

Wieder wird im ausgeräumten Zimmer gespielt.

An einem Ende des Zimmers liegt ein Stück Papier in der Mitte. Zum anderen Ende hin sind seitlich in verschiedenen Abständen kleine Male (Baustein, Kegel usw.) aufgestellt. In der Mitte des anderen Zimmerendes liegt eine Zeitung. Auf sie kniet sich der erste Spieler, bückt sich und versucht, möglichst mit einem Puster, das vor ihm liegende Wattebällchen auf das Papier am anderen Ende des Zimmers zu pusten. Meistens gelingt dies nicht gleich.

Bleibt das Wattebällchen im Raum liegen, so kniet sich der Spieler neben das dem Bällchen rückwärts nächstliegende Mal und pustet wieder.

So verfährt er so lange, bis er sein Wattebällchen auf das Papier gebracht hat.

Sieger ist der, der das Wattebällchen mit den wenigsten Zwischenstationen ins Ziel bringen konnte.

Das Salzei

Es geht dabei ganz einfach um ein Hühnerei, das seine Haltung verliert.

Alle Spieler sitzen um einen Tisch. Auf diesem stehen zwei Teller.

Auf dem ersten Teller befindet sich ein Häufchen Salz, auf dem sich das Ei aufrecht hält. Der zweite Teller ist leer. Die Teilnehmer haben ein Messer zur Hand und versuchen, der Reihe nach mit diesem Messer eine Prise Salz vom ersten Teller zu nehmen, um damit den zweiten Teller zu füllen.

Das kann nur so lange gutgehen, bis nicht mehr genügend Salz vorhanden ist. Wenn es soweit ist, fällt das Ei um und verliert seine Haltung.

Der Spieler, bei dem das passiert, hat verloren.

Tischball

Dazu benötigt man einen Tennisball und einen möglichst großen Tisch.

Um den Tisch herum sitzen die Spieler und rollen sich gegenseitig den Ball zu. Aber Vorsicht! Er darf nicht vom Tisch fallen. Wenn ein Spieler den Ball nicht auffangen kann und der Ball rollt vom Tisch auf den Boden, so muß ein Pfand gegeben werden.

Erweiterung:

Die Spieler pusten sich gegenseitig den Ball zu. Dabei bleiben die Hände unter dem Tisch, auch wenn es gefährlich wird. Nimmt ein Spieler trotzdem seine Hände zu Hilfe oder der Ball fällt vom Tisch, wird ein Pfand gegeben.

Spiele für Einen

Manchmal ist man allein, hat weder Geschwister noch Freunde, die gerade Zeit haben mit einem zu spielen. Lesen mag man auch nicht. Warum sollte man da nicht einmal Geschicklichkeitsspiele allein erproben? Wenn man sie kann, ist das eine feine Sache, denn dann kann man die anderen Kinder gelegentlich fragen: „Kannst Du das auch?"

Fingerweben
Dieses Spiel wird nur mit Daumen und Zeigefinger beider Hände ausgeführt und geht so:

Die Hände werden so gehalten, daß die Daumen nach oben sehen und die Handrücken nach außen zeigen. Die jeweiligen Mittelfinger, Ringfinger und Kleinfinger sind locker gekrümmt und spielen *nicht* mit.

Man legt die Kuppe des Zeigefingers der linken Hand auf die Kuppe des Daumens der rechten Hand. Dabei zeigt der linke Daumen nach oben und der rechte Zeigefinger ist locker nach außen gestreckt.

Über die beiden aneinandergelegten Fingerspitzen führt man unter leichtem Druck darauf die freiliegenden Finger nach oben und setzt die Fingerkuppen gegeneinander – also jetzt linker Daumen und rechter Zeigefinger. Man drückt aufeinander, löst die beiden unteren Finger und führt sie in beschriebener Weise über die zusammengedrückten Finger nach oben. Dabei werden die Hände so mitgedreht, wie sich dies aus der Bewegung ergibt.

Dieses „Fingerweben" läßt sich beliebig lang, auch langsam und schnell, durchführen und verblüfft den Zuschauer.

Erweiterung:
Man kann das „Fingerweben" auch entgegengesetzt, also von oben nach unten durchführen. Dies bedarf einiger Übung.

Führt man das „Fingerweben" seinen Freunden vor, so kann man folgende *Scherzfrage* stellen:

Man führt „Fingerweben" von unten nach oben aus und fragt dazu: „Was ist das?"

Da werden die verschiedensten Dinge behauptet.

Die Antwort:
Man führt nun das „Fingerweben“ nach der anderen Seite aus und sagt: „Das Gegenteil“.

Die Antwort führt zu allgemeinem Gelächter und die Freunde wollen auch „Fingerweben“ lernen und sind erstaunt, daß es einige Übung erfordert.

Stock steigen
Man faßt einen Stock mit gekreuzten Armen an den beiden Enden an, hebt ihn über den Kopf, läßt ihn am Rücken heruntergleiten und steigt mit den Füßen durch.

Durch die Arme steigen
Die Hände werden vor dem Bauch fest angefaßt und dann steigt man durch.

Der „Herr Daumen“
Die Hände werden bei den Handgelenken gekreuzt. Die Finger zeigen nach oben und die Handrücken sind dem Spieler zugewandt.

Nun werden die beiden Kleinfinger eingehängt und zwar so, daß der Kleinfinger der oberen Hand auch oben eingehängt liegt.

Die Handflächen werden nun zueinander gelegt und die Finger verfaltet. Arme und Hände senken.

Hände fest gefaltet halten und zum Körper zu von abwärts nach aufwärts drehen und vor die Brust legen.

Nun kann der „Herr Daumen“ (aus der inneren Hand) durch das Fenster herausschauen, wenn man den Daumen der äußeren Hand mit der Kuppe an das unterste Glied des Zeigefingers legt.

Aus „Herr Daumen“ läßt sich ein Fingerspiel für kleinere Geschwister ableiten.

Das Fingerspiel:
Haben wir die Hände in die Stellung des „Herrn Daumen“ gebracht, so lösen wir das Fenster und bewegen beide Daumen gleichmäßig hin und her und sprechen dazu:

Zwei Buben wollten Wasser holen,

zwei Mädchen wollten pumpen.

Nun stellen wir wieder den „Herrn Daumen" im Fenster dar und sprechen, indem wir den „Herrn Daumen" bewegen:

Da schaut der Herr zum Fenster raus

und sagt, ihr seid vier Lumpen.

Gegenbewegungen
Eine Hand wird schnell gedreht und die andere langsam.

Arm und Bein einer Körperseite beschreiben einen Kreis, der Arm jedoch schnell und das Bein langsamer.

Das Kind sitzt.
Die Finger beider Hände werden gemeinsam schnell auf- und niederbewegt. Dazu schlägt ein Fuß ganz langsam auf den Boden.

Welch ein Umstand
Man legt sich einen kleinen Gegenstand (evtl. Auto, Schachtel, Kuli usw.) dicht außen neben den rechten Fuß.

Gegenstand nun in folgender Weise aufheben:

Beine grätschen. Der linke Arm kommt von außen vorne um das rechte Bein herum, weiter von innen her über den rechten Spann und holt den Gegenstand.

Dann probiert man mit der rechten Hand.

Durchschlängeln
Man faßt den Fuß eines Möbelstückes fest an, bückt sich und versucht, sich unter dem Arm hindurchzuschlängeln, ohne zu knieen oder loszulassen.

Streichholzspiele

Streichholzspiele sind so recht geeignet, sich die Zeit zu vertreiben, ob allein oder in der Gruppe, ob mit Freunden oder Eltern.
Raten und Geschicklichkeit sind in ihnen enthalten. Meinen nun die Eltern, daß Streichhölzer in der Kinderhand zu gefährlich sind, so kann man entweder alle Köpfe abknipsen oder Zahnstocher benutzen.
Spielen kann man die Streichholzspiele allemal.

Aufgaben

1. Nehmt 16 Hölzchen weg, so daß 12 gleich große Quadrate entstehen.

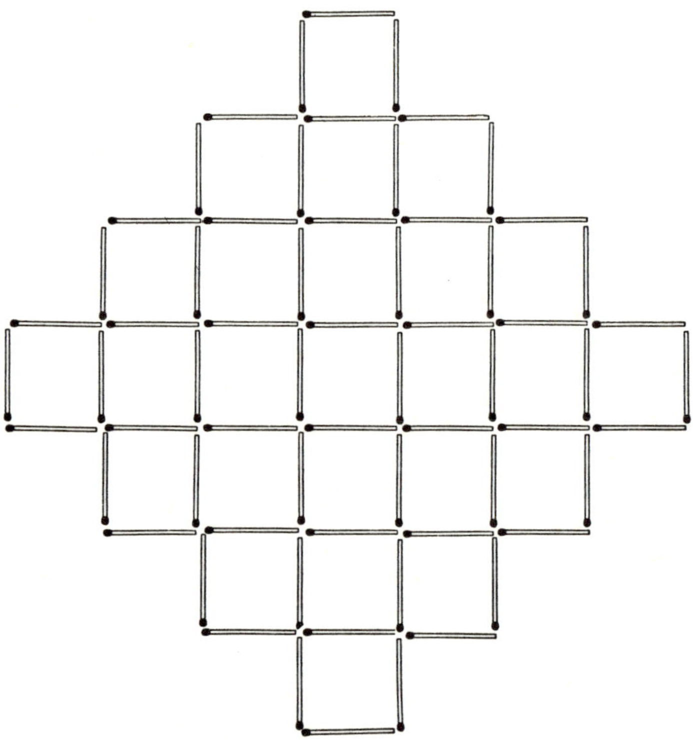

2. Legt 12 Hölzchen um, so daß 2 gleich große Quadrate entstehen.

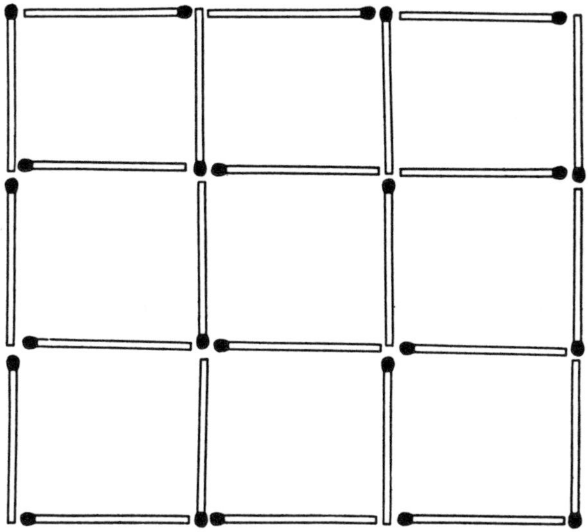

3. Legt 2 Hölzchen um, so daß 7 gleich große Quadrate entstehen.

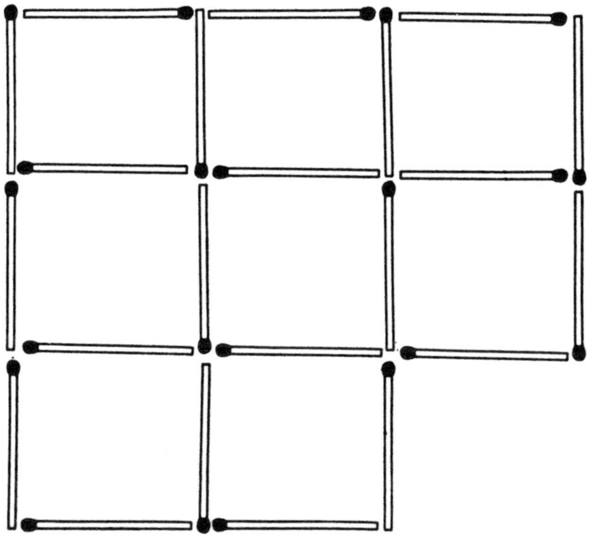

4. Legt 4 Hölzchen um, so daß ein achtstrahliger Stern entsteht.

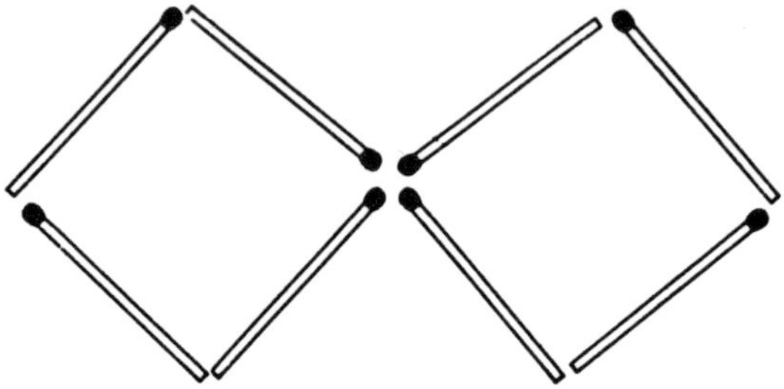

5. Teilt das Quadrat mit 10 Hölzchen in 5 gleich große Teile.

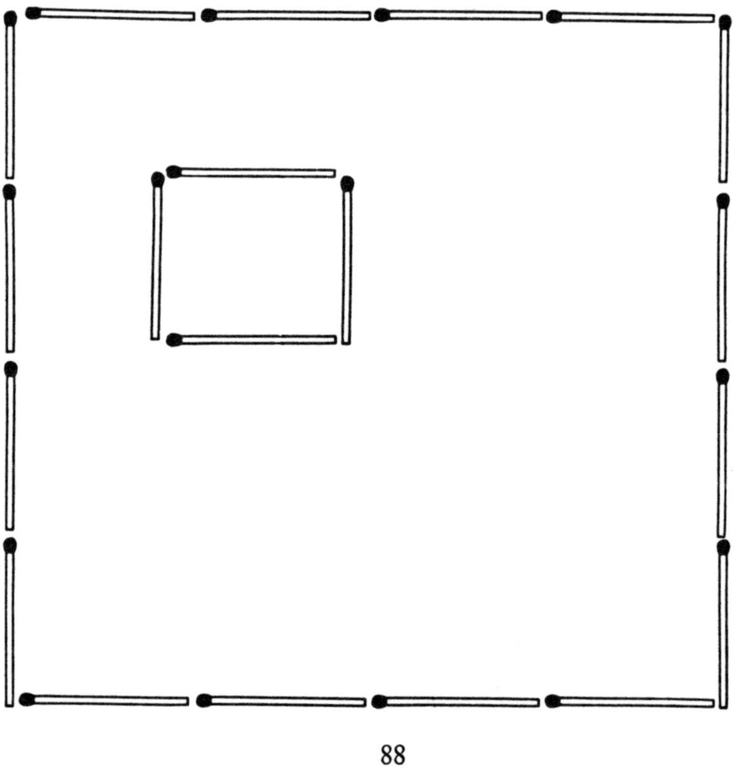

6. Legt 3 Hölzchen um und nehmt 1 dazu, so daß 3 Parallelogramme entstehen.

7. Legt 5 Hölzchen um, so daß ein Schiff entsteht.

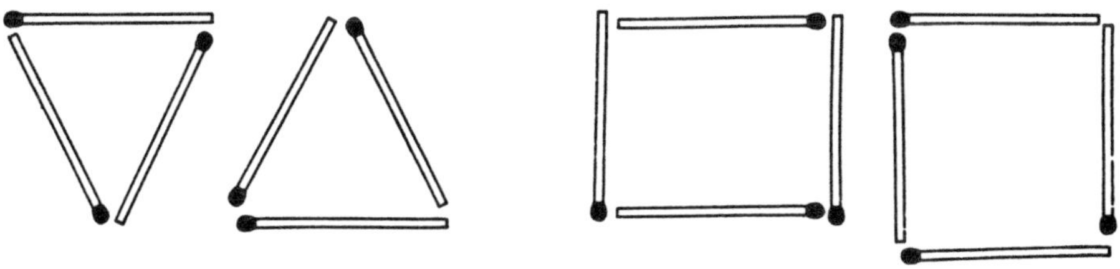

8. Legt 3 Hölzchen um, so daß ein Gewässer entsteht.

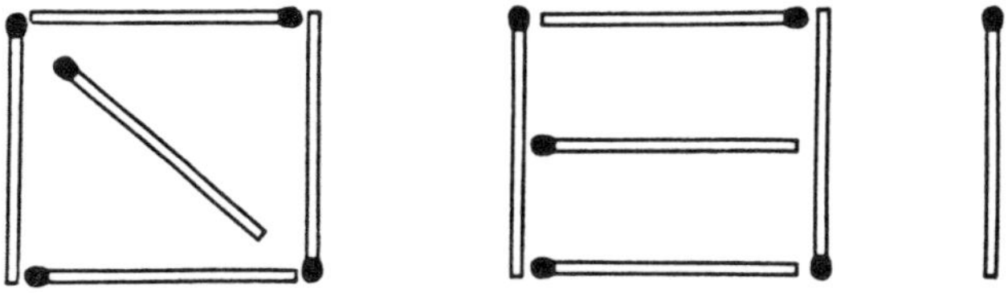

9. Legt 2 Hölzchen um, so daß die Stirnseite des Hauses rechts liegt.

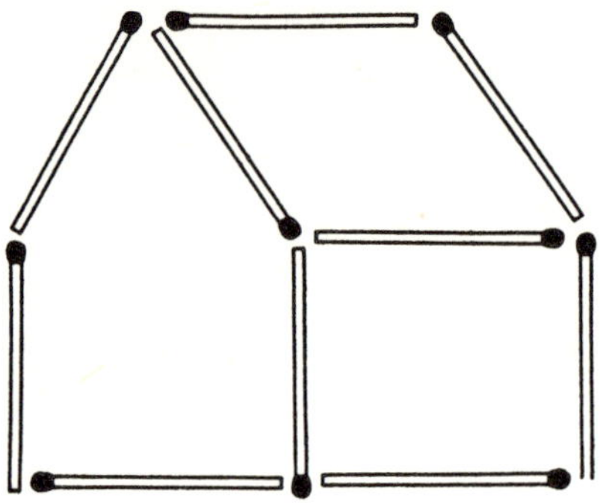

10. Legt 4 Hölzchen um, so daß ein Kreuz entsteht.

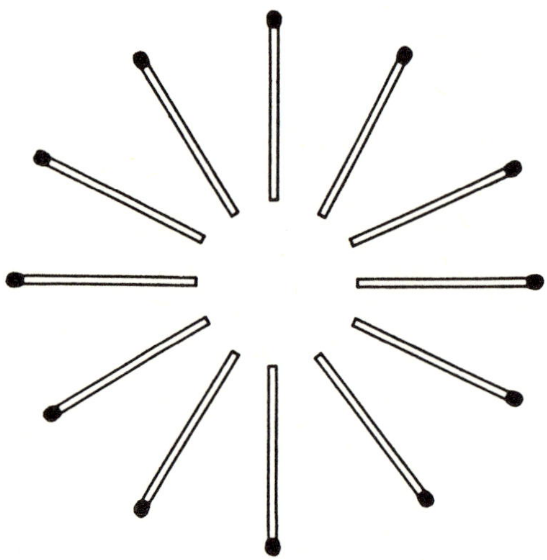

11. Macht aus diesen 3 Quadraten durch Umlegen von 4 Hölzchen vier.

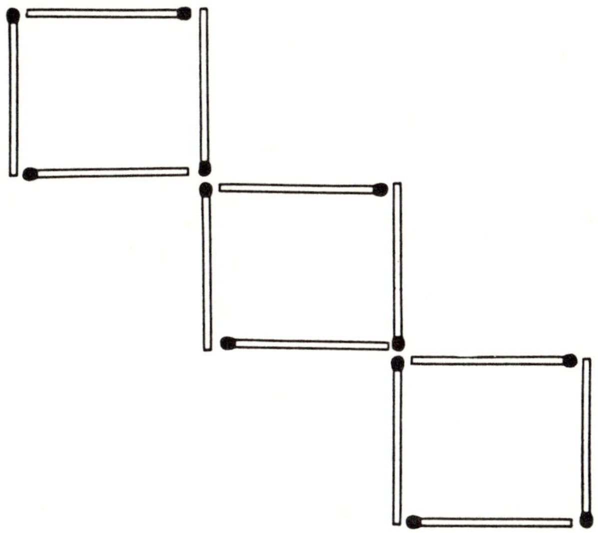

12. Legt 5 Hölzchen um, so daß 3 zusammenhängende Quadrate entstehen.

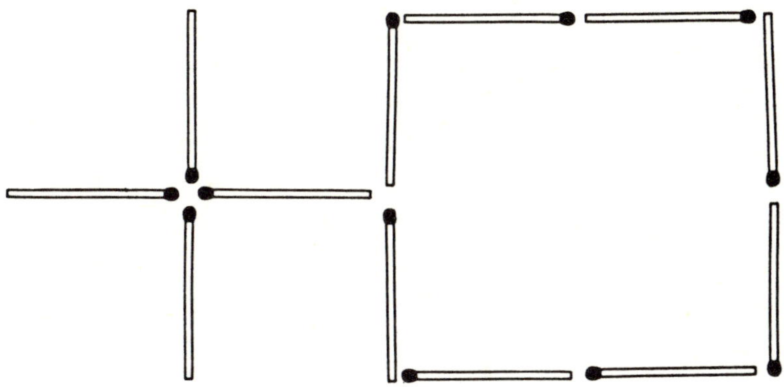

13. Nehmt 6 Hölzchen weg, so daß 5 gleich große Quadrate entstehen.

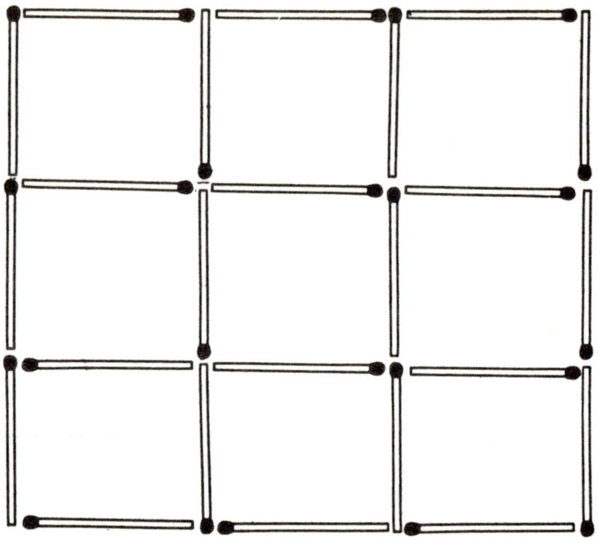

14. Legt 4 Hölzchen um, so daß 17 gleich große Quadrate entstehen.

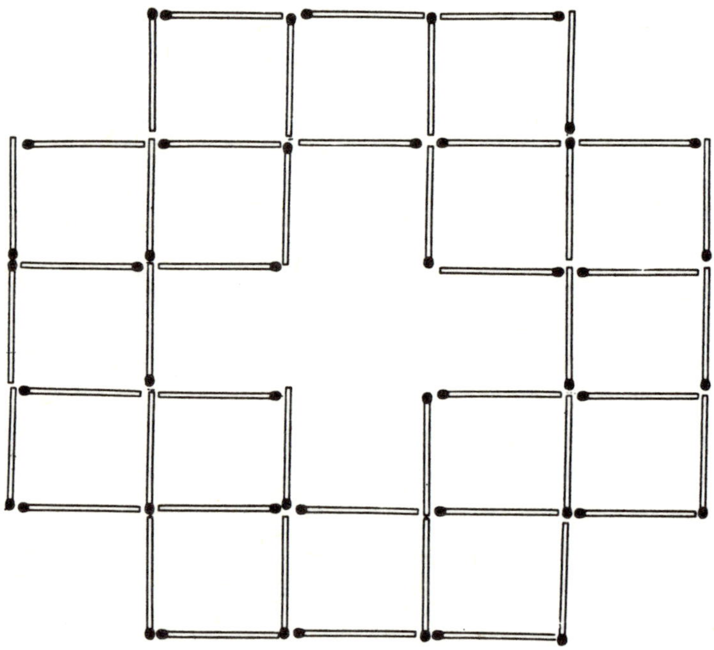

Lösungen

1.

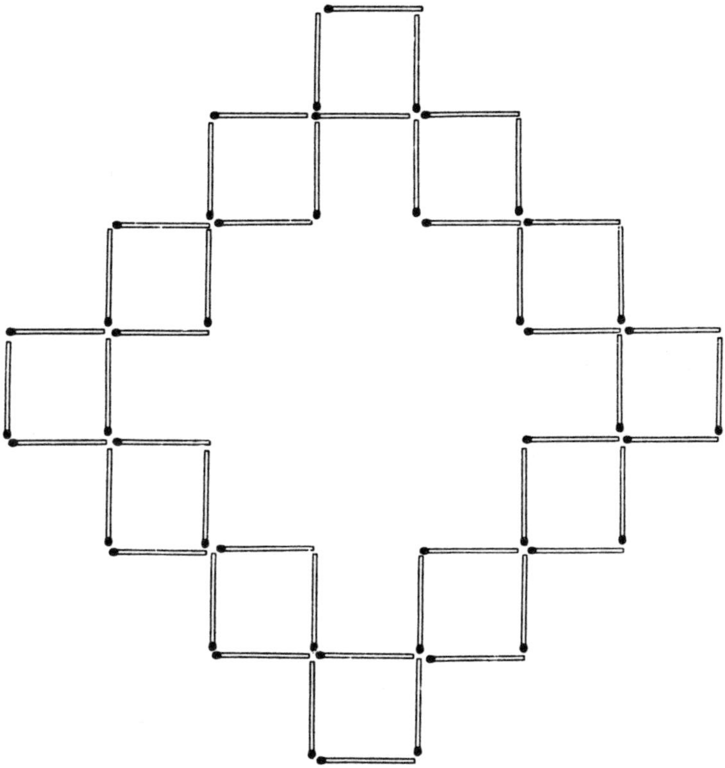

2.

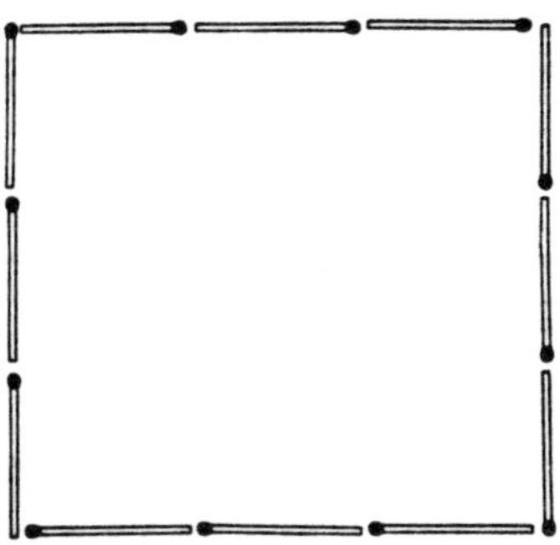

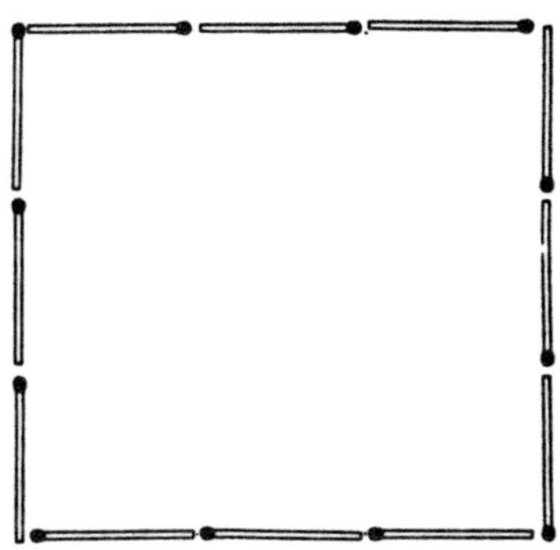

3.

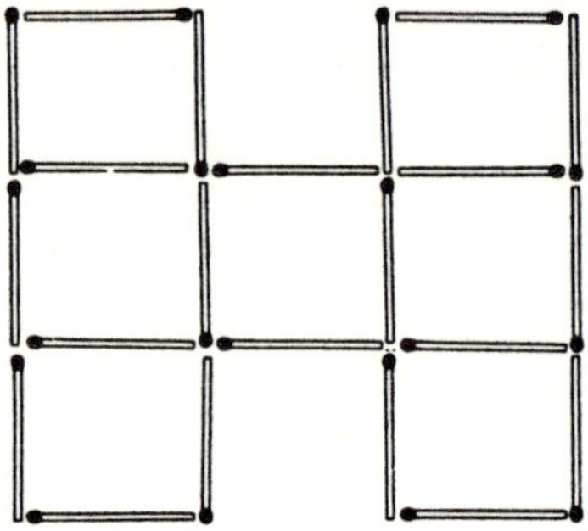

4.

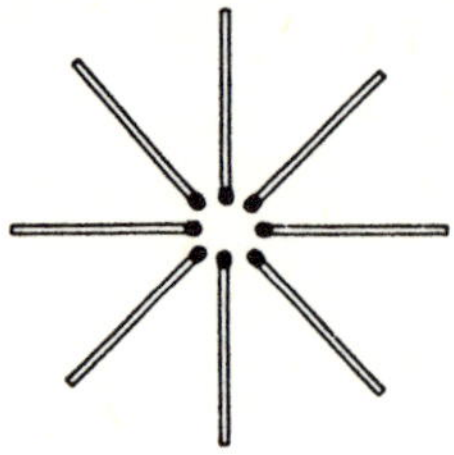

5.

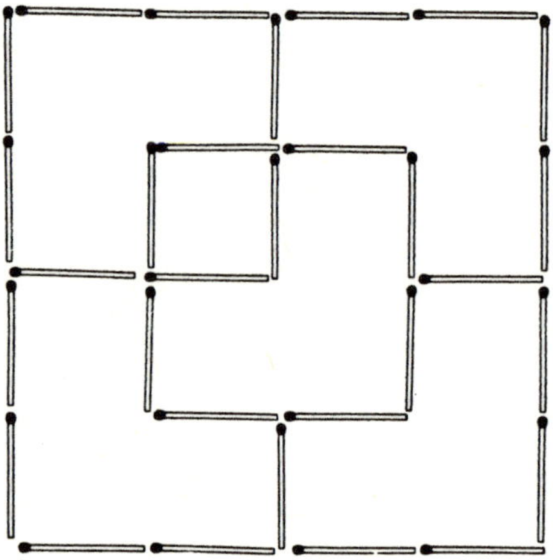

6.

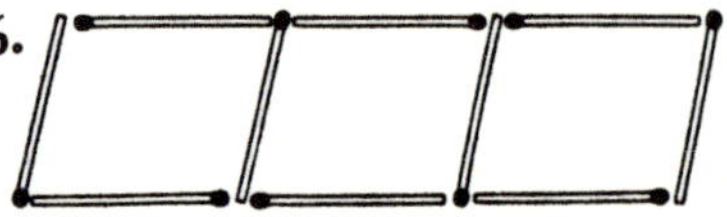

7.

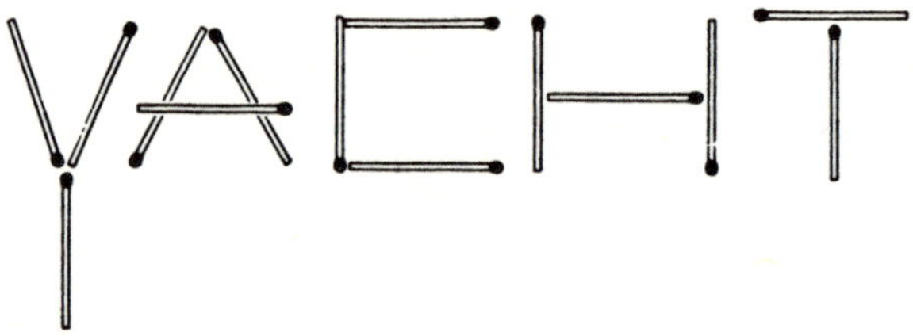

8. 

9. 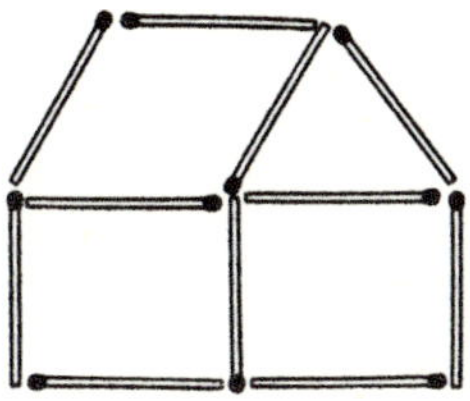

10. 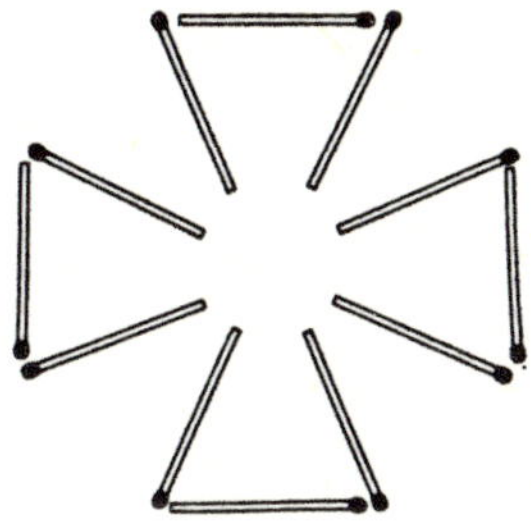

11. 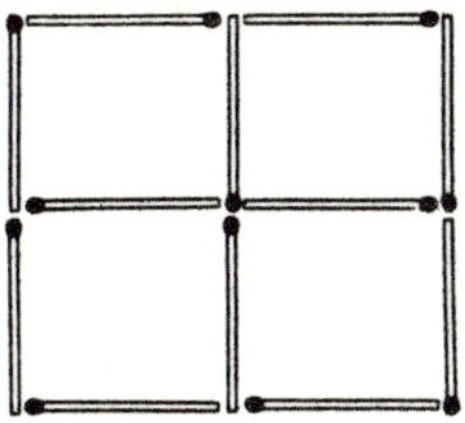

12. 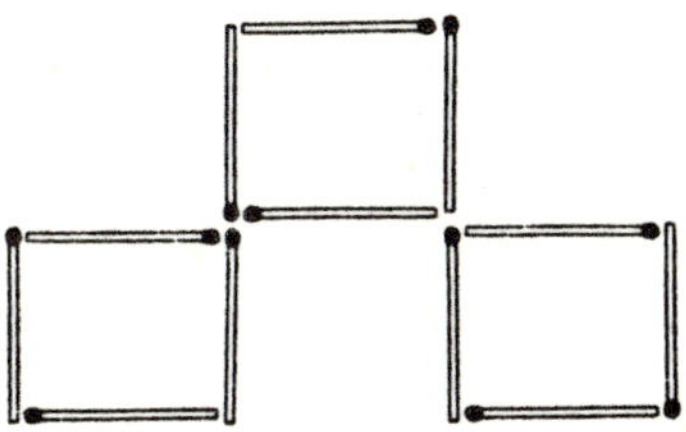

13.

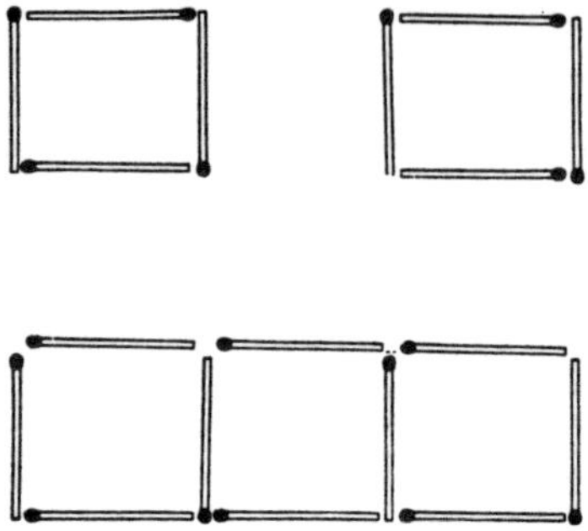

14.

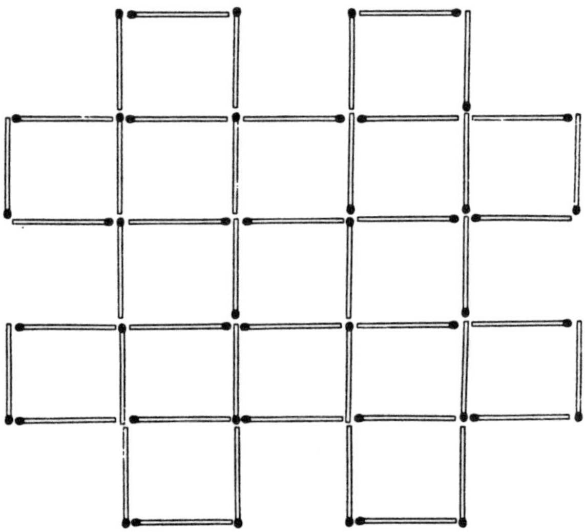

Fadenspiele

Fadenspiele sind leider sehr in Vergessenheit geraten.
Sie gehen auf uralte Traditionen der verschiedensten Völker zurück und hatten zum Teil magische Bedeutung.

Mit etwas Geduld kann man die hier beschriebenen Fadenspiele leicht erlernen und vielleicht auch mit Phantasie weiter entwickeln oder neue Formen finden.

Fadenspiele gibt es für einen und mehrere Spieler.

Das Material ist ein dicker Faden, Baumwollgarn, weiche Kordel, Schnürsenkel usw. Dieser soll in etwa so lang sein, wie die Spieler groß sind. Der Faden wird zu einem Ring verknotet.

Die Hände werden so gehalten, daß die Handflächen senkrecht in Brusthöhe vor dem Spieler gehalten werden. Dabei stehen die Daumen zum Körper und die kleinen Finger nach außen. Die Handflächen sind einander zugekehrt.

Nach jeder Veränderung empfiehlt es sich, den Faden anzuspannen, um die Lage der einzelnen Schlingen genau sehen zu können. So ist die jeweilige Figur gut erkennbar.

Der Zauberfaden

Ein Verwandlungsspiel. Dazu bitte ausnahmsweise einen kürzeren Faden verwenden.

Über die linke, waagrecht ausgestreckte Hand wird der Faden so gelegt, daß der Daumen frei bleibt.

Mit der rechten Hand faßt man die hängende, lange Schlinge und zieht sie zwischen Zeige- und Mittelfinger und Ring- und Kleinfinger nach vorn.

Der Querfaden, der über die Handfläche läuft, wird nun über Mittel- und Ringfinger auf den Handrücken gelegt.

Zeigefinger und Ringfinger der rechten Hand fassen nun von oben in die Zeigefinger- und Kleinfingerschlinge (auf der Handfläche der linken Hand sichtbar) und ziehen sie straff in Richtung Handgelenk.

Das ist der **Spiegel.** Die vier Fäden des Spiegels werden auf den linken Handrücken gelegt und zwar so, daß der erste durch die Zeige- und Mittelfingerspalte, die beiden mittleren zwischen Mittel- und Ringfinger durch und der letzte durch die Ring- und Kleinfingerspalte geführt werden.

Dann faßt man sie auf dem linken Handrücken zusammen und zieht sie von oben durch den über Mittel- und Ringfinger laufenden Faden.

Den mittleren Querfaden holt man nun über den Mittel- und Ringfinger nach vorne und zieht ihn vorsichtig an. Das ist der **Kehrbesen.**

Die auf dem Handrücken liegenden Mittel- und Ringfingerschlingen greift man mit Zeige- und Mittelfinger der rechten Hand und zieht sie über Mittel- und Ringfinger der linken Hand nach vorne. Das ist die **Schere.** Sie kann auf- und zugeklappt werden.

Man schiebt den linken Daumen von unten in den unten liegenden Querfaden am Knotenpunkt der Scherenteile und zieht die beiden langen Stränge hoch.
Das ist der **Lehnstuhl.**

Vom linken kleinen Finger hängt man die Schlinge aus. Daumen und Zeigefinger der linken Hand, Zeige- und Ringfinger der rechten Hand werden gespreizt und ziehen die Stränge auseinander.

Das ist die **Matratze.**

Der linke Daumen läßt seine Schlinge fallen. Dann wird vorsichtig mit Zeige- und Ringfinger der rechten Hand nachgezogen.

Das ist die **Tasche.**

Finger fesseln und entfesseln
Der Faden wird in den kleinen Finger der rechten Hand eingehängt und straff gespannt.
Der Ringfinger wird gekrümmt zwischen beiden Fadenteilen eingelegt und hochgestreckt. Zwischen kleinem Finger und Ringfinger entsteht eine Kreuzung.

Nun dreht man den Faden mit der linken Hand so, daß zur linken Hand hin die Fäden wieder offen liegen.

Mit Mittelfinger und Zeigefinger verfährt man wie mit dem Ringfinger. Zum Daumen hin muß die Fadenschlinge offen sein.

Man schlingt nun die Fadenschlinge um den Daumen herum und zwar so, daß der innere (von der Handfläche aus) Faden oben und der äußere (vom Handrücken aus) unten um den Daumen herumgeführt und wieder gestrafft wird. Diesmal wird mit dem Zeigefinger begonnen Fadenschlingen zu holen. Dabei ist zu beachten, daß der zum nächsten Finger immer offen ist.

Ist auch der kleine Finger umschlungen, werden die Fäden am Daumen ausgehängt.

Mit Daumen und Zeigefinger der linken Hand faßt man nun am Handkantenrand die Fäden des kleinen Fingers und zieht die Fadenschlingen alle auf einmal ab.

Anmerkung:
Sollte die Entfesselung nicht gelingen, so wurde der Faden nicht richtig um den Daumen gelegt.

Noch einmal probieren!

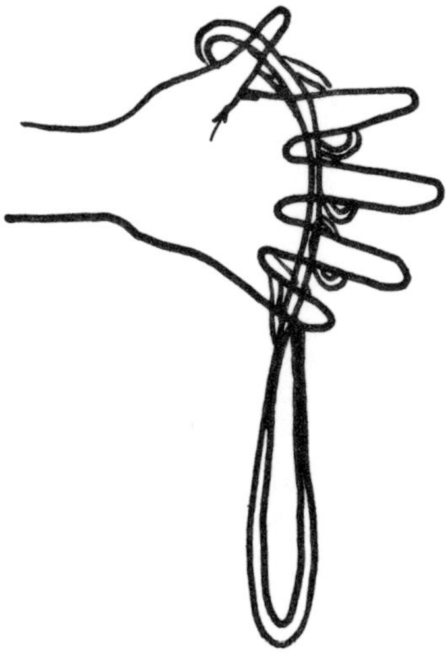

Das unendliche Spiel
Für zwei und mehr Spieler.

Ein Kind nimmt dem anderen die Fadenfigur ab und so können beliebig viele Kinder mitspielen.

Bei der Geburtstagsrunde können in der Gruppe mehrere Fäden durchlaufen.

Der Fadenring wird so über die erhobenen Hände gelegt, daß der Daumen frei bleibt und die Fäden über die Handrücken laufen.
Fadenring spannen!

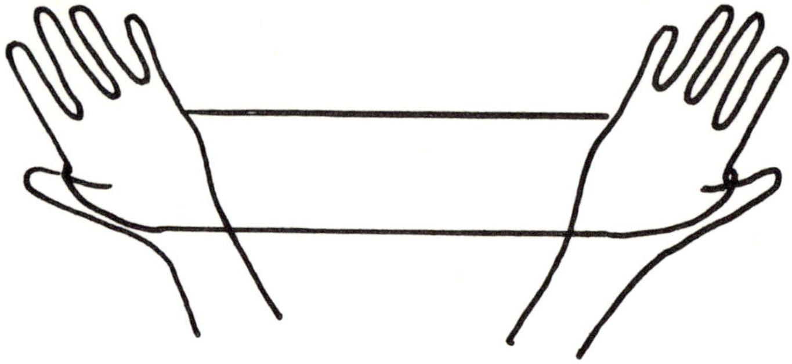

Die vier Finger der einen Hand schieben sich von unten her aufwärts innen in die Fadenschlinge, ebenso die Finger der rechten Hand. Die Fadenschlinge wird wieder fest angezogen. Jetzt liegt jeweils über dem Handrücken ein Doppelfaden und über den Handflächen ein einfacher.

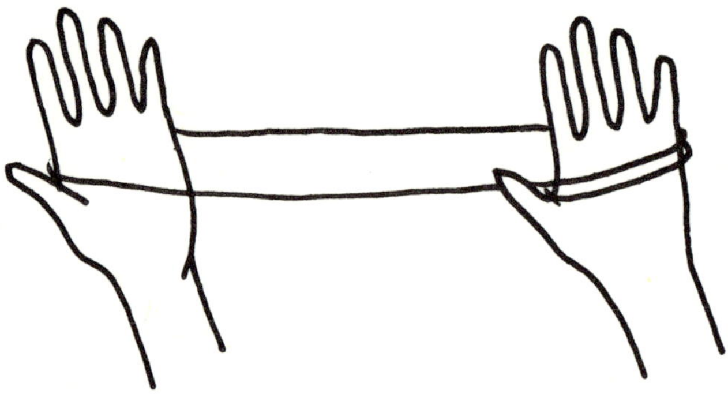

Beide Zeigefinger nun nacheinander von unten in die gegenüberliegenden Handflächenfäden führen und die Figur spannen.

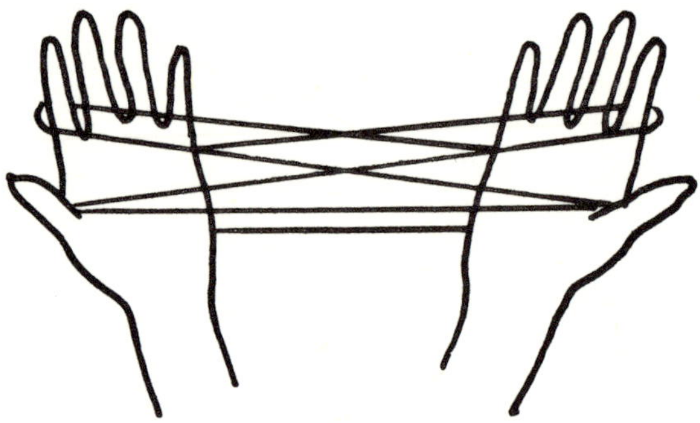

Nächster Spieler:
Mit Daumen und Zeigefinger zugleich werden die beiden gekreuzten Fäden erfaßt, hoch und nach außen gezogen und unter den untersten Fäden durchgeführt. Die Figur wird von den Händen des Vorspielers abgenommen und mit Daumen und Zeigefingern gestrafft.
Das ist die **Matratze.**

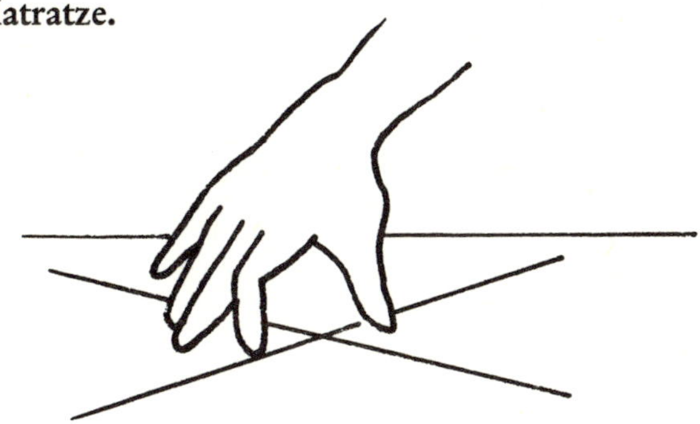

Nächster Spieler:
Wie vorher werden die Fadenkreuze wieder gefaßt und von oben nach unten und wieder nach oben über die äußeren Fäden geführt und angespannt.
Das ist der **Spiegel.**

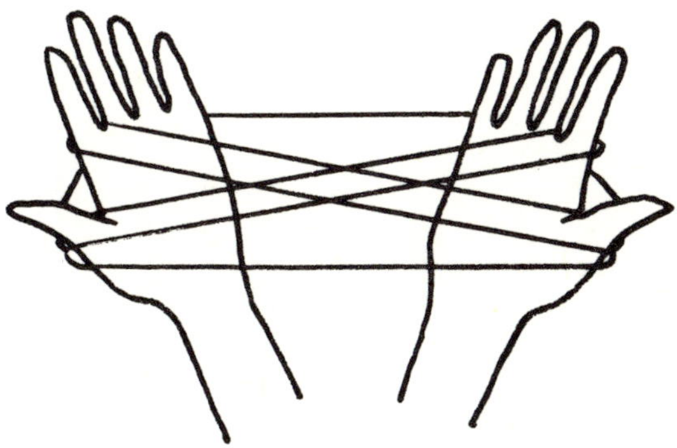

Nächster Spieler:
Mit den gekrümmten Kleinfingern wird je einer der beiden Mittelfäden über Kreuz greifend von oben her eingehakt, herausgezogen und vorsichtig mit Daumen und Zeigefinger von oben her in die äußeren Fäden gegriffen, hochgezogen und von unten her, unter den Doppelfäden her und durch das Mittelloch nach oben geschoben. Die Kleinfinger lassen die Schlingen nicht los und die Figur wird gespannt.

Das ist die **Wiege.**

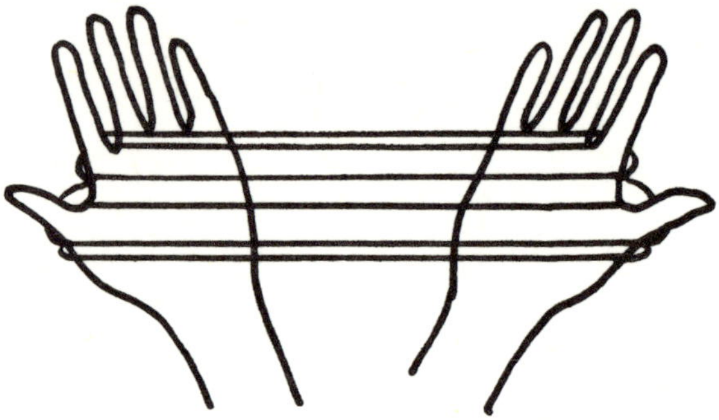

Nächster Spieler:
Von außen her werden die beiden Fadenkreuze mit Daumen und Zeigefinger angefaßt und von oben in das Loch geführt und auseinandergezogen.
Das ist der **Fisch.**

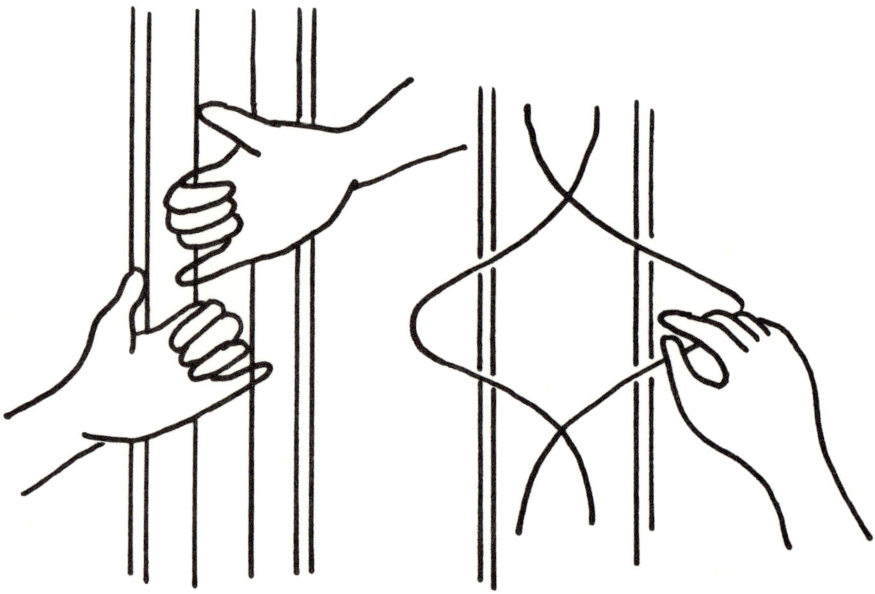

Nächster Spieler:
Mit den Kleinfingern werden die Parallelfäden eingehakt, nach außen gezogen und von unten nach oben durch das Loch geführt. Die Figur wird gespannt.

Es entsteht eine der früheren Figuren.

Variation vom Fisch aus:
Mit Daumen und Zeigefingern werden die Dreieckkanten, die sich an den Längs-Außenfäden befinden, von oben her erfaßt und einfach auseinandergezogen. Dabei entsteht wiederum eine schon bekannte Figur.

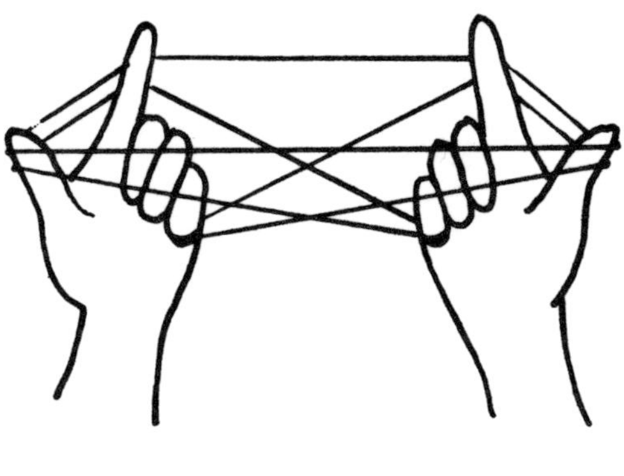

Geübte Kinder sollten selbst Figuren erproben!

Liebe Kinder,
folgende Seiten sind speziell für Euch gedacht. Hier schreibt Eure Rätsel und Spiele auf, die nicht in diesem Buch stehen, damit Ihr sie immer zur Hand habt.